世界城市研究精品译丛

主　编　张鸿雁　顾华明
副主编　王爱松

想象的城市

The imagined cities

都市体验与小说语言

Urban Experience and Language of the Novel

[美] 罗伯特·阿尔特 著

邵文实 译

江苏教育出版社
JIANGSU EDUCATION PUBLISHING HOUSE

图书在版编目(CIP)数据

想象的城市 / 张鸿雁、顾华明主编. —南京:江苏教育出版社,2013. 11

(世界城市研究精品译丛)

ISBN 978-7-5499-3638-0

Ⅰ. ①想… Ⅱ. ①张… Ⅲ. ①城市学—研究 Ⅳ. ①C912. 81

中国版本图书馆 CIP 数据核字(2013)第 271133 号

书　　名　**想象的城市——都市体验与小说语言**
著　　者　[美]罗伯特·阿尔特
译　　者　邵文实
责任编辑　任　晖
出版发行　凤凰出版传媒股份有限公司
　　　　　　江苏凤凰教育出版社(南京市湖南路 1 号 A 楼　邮编 210009)
苏教网址　http://www.1088.com.cn
照　　排　南京紫藤制版印务中心
印　　刷　江苏凤凰新华印务有限公司
厂　　址　江苏省南京市新港经济技术开发区尧新大道 399 号
开　　本　890 毫米×1 240 毫米　1/32
印　　张　5.625
字　　数　130 000
版　　次　2013 年 12 月第 1 版　2013 年 12 月第 1 次印刷
书　　号　ISBN 978-7-5499-3638-0
定　　价　28.00 元
网店地址　http://jsfhjy.taobao.com
新浪微博　http://e.weibo.com/jsfhjy
邮购电话　025-85406265,84500774　短信 02585420909
盗版举报　025-83658579

序

张鸿雁

“他山之石，可以攻玉。”人类城市化的发展既有共同规律，也有不同国家各自发展的特殊道路和独有特点。西格蒙德·弗洛伊德说：“当一个人已在一种独特的文明里生活了很长时间，并经常试图找到这种文明的源头及其所由发展的道路的时候，他有时也禁不住朝另一个方向侧瞥上一眼，询问一下该文明未来的命运以及它注定要经历什么样的变迁。”① 经典作家认为城市是社会发展的中心和动力，全球现代化发展的经验和历程证明，凡是实现现代化的国家和地区也基本是完成城市化的国家和地区，几乎没有例外。② 同样，中国以往的城市化历史经验也证明，要想使作为国家战略的中国新型城镇化能够健康发展并达到预期目标，就必须总结发达国家城市化发展的经验和教训，

---

① 西格蒙德·弗洛伊德，《论文明》，徐洋、何桂全等译。北京：国际文化出版社公司，2001.1。

② 张鸿雁、谢静，《城市进化论—中国城市化进程中的社会问题与治理创新》。南京：东南大学出版社，2011。

特别要择优汲取西方城市化的先进理论和经验以避免走弯路。[①] 我研究城市化和城市社会问题已经有近四十年的历史，借此机会把我以往积累的一些研究成果、观点和认识重新提出来供读者参考。

一、对西方城市化理论的反思与优化选择

2013 年中国城市化水平超过 52%，正在接近世界平均城市化水平，中国成为世界上城市人口最多的国家。关键是，在未来的二十多年里，中国将仍然处于继续城市化和城市现代化的过程之中，而且仍然处于典型的传统社会向现代社会的过渡转型的社会变迁期。这一典型的社会变迁——中国新型城镇化关乎中国现代化的发展方式和质量以及社会的公平问题。

西方城市化的理论与实践成果有很多值得中国学习和借鉴的方面，如城市空间正义理论、适度紧缩的城市发展理论、有机秩序理论、生态城市理论、拼贴城市理论、全球城市价值链理论、花园城市理论、智慧城市理论、城市群理论以及相关城市规划理论等，这些成就对人类城市化的理论有着巨大的贡献，在推进人类城市化的进化方面起到了直接的作用。中国城市化需要在对西方城市化理论充分研究的基础上，对西方城市化理论进行扬弃性的运用，从而最终能够建构中国本土化的城市化理论体系与范式。

我们看到在现代社会发展中，面对越来越多的社会问题，我们解决的手段却越来越少，甚至面对有些问题我们束手无策、无能为力。为什么会这样？即使在已经基本完成城市化的西方国家，在当代仍然存在着普遍的和多样化的社会问题[②]，而且在发达国家这些问题也都

① 张鸿雁，“中国新型城镇化理论与实践创新”，《社会学研究》，2013.3。

② 参见张鸿雁，《循环型城市社会发展模式——城市可持续创新战略》。南京：东南大学出版社，2007。

集中在城市，形成典型的“城市社会问题”。如城市贫困、城市就业、城市住房、城市老人社会、城市社会犯罪、富人社区与穷人社区的隔离、城市住区与就业空间的分离、城市中心区衰落以及城市蔓延化等问题，甚至有些在西方城市化进程中已经解决的社会问题，仍然在中国的城市化进程和城市社会中不断发生。这些现象的发生，与我们缺乏对西方城市化理论与模式的全面理解与择优运用有关。

在建构中国本土化城市理论的过程中，对外来城市化理论进行有比较地、批判性地筛选，这不失为一种谨慎的方式。西方城市化发展过程所表现的“集中与分散”的规律，在很大程度上是通过市场机制的创新形成的，可以描述为高度集中与高度分散的“双重地域结构效应”。[①] 美国纽约、芝加哥等城市的高度集中，与美国近80%左右的人居住在中小城镇里的高度分散，就是这种“双重地域结构效应”的反映。西方城市化理论是以多元化和多流派的方式构成并存在的，既有强调城市化“集中性”价值的一派，亦有强调城市化“分散化”价值的一派，还有强调集中与分散结构的流派。回顾以往，在某种情况下，中国的城市化则把西方城市人口集中的流派作为主要的理论核心模式，如果21世纪初的城市化仍然把城市高度人口集中作为主导，这不仅是对西方城市化理论的误读，更是对中国城市化发展道路的严重误导。而事实上，中国通过“制度型城市化”的创造，以西方城市化理论中的集中派理论模式为“模本”，形成了高速与高度集聚的畸形城市化——中国式“拉美经济陷阱”[②]。过度集中和过度集权的城市化成为导

---

① 张鸿雁，《城市化理论重构与城市发展战略研究》。北京：经济科学出版社，2013。

② “拉美陷阱”主要是指南美洲巴西等国家，人均GDP超过3 000美元，城市化率达到82%，但贫困人口却占国家人口总数的34%。一方面是经济较快增长，另一方面是社会发展趋缓；一方面是社会有所富裕，另一方面却是贫困人口增加……在其总人口中有相当规模的人口享受不到现代化的成果。参见：王建平，“避免‘拉美陷阱’”，《资料通讯》，2004(4).46。

致“都市病”深化发展的主要原因之一。如从基本国情的角度讲，仅适于美国等人少地多国家的“城市过度造美运动”以及大尺度、大规模占用土地资源的城市化，推行到土地资源十分紧缺的中国是基本不可行的，从长远利益角度来认识、分析这种现象，这是一种破坏性建设。

在西方的城市化理论中，还有些成果要么是戏剧化的，要么是过于理想化的——从乌托邦的视角提出城市化的理论，被喻为“要构建一个虚拟的理想世界”①，在学理性和科学性方面缺乏社会实践基础，在创造理想模式方面的价值大于实际应用价值。当然，霍华德的“田园城市”理论本身的价值就在于创造“理想类型”，给后人留下更多的空间来加以探讨和完善。西方城市化理论与世界任何理论一样，有其合理内核，亦有典型的历史与现实局限，必须认真选择，优化运用。

二、中西城市化发展的差异认知

与西方城市化“动力因”相似的是，中国城市化的外在形式也是以人口集聚为主要特征。但是，除此而外，中国城市化在发展“动力因”的构成与序列上，非但不同于西方，而且还有着强烈的本土化“制度型动力体系”构成特点，在改革开放的三十多年里，通过“政府制度型安排”形成高速的城市化。所谓“制度型城市化”主要表现为：一是城市化与城市战略的规划是政府管控的；二是城市化与城市建设的投资是以政府为主体的；三是城市化的人口发展模式是政府规划的；四是城市的土地是由政府掌握的，等等。这一动力模式具有强大的权力力量的优势，同时也具有典型的行政命令的弱点。中国城市化以三十多年的时间跃然走过了西方两百年的城市化路程，成就令世界瞩目，

① 尼格尔·泰勒，《1945年后西方城市规划理论的流变》，李白玉等译。北京：中国建筑工业出版社，2006.24～25。

但城市社会问题也越来越深化——这种现象充分说明了中国城市化原动力不足、动力结构不合理的事实，其主要症结在于中国没有本土化的科学的城市理论来引导。

东西方社会发展水平的差异，不仅表现在制度体系结构与个体价值观、人口总量与结构、教育水平与宗教文化传统等方面，表现在生产力发展的阶段性和发展水平方面，同时还表现在文化的总体价值取向方面。西方的资本主义承袭了古典时代思想，并且是从中世纪的土壤中“自然长入”资本主义社会的。“自然长入”的方式显现了西方社会的发展规律和历史逻辑，在这种“历史与逻辑的统一”机制内，使得在城市化中出现的社会结构转型、产业结构转型和文化结构转型，能够基本处于同步进化的结构变迁之中，没有出现典型的“社会堕距”与“文化堕距”。这些证明了西方城市化发展的市场规律运性表现。基于这一认识，我们可以看到，中世纪以来，中西方城市化走了两条不同的道路，两种城市化形态的社会前提、进程、节点和社会结构都是不同的。

西方城市化早期的历史是“双核动力发展模式”，即“城市经济”与“庄园经济”构成“双重动力”，城市工商业和庄园手工业并行发展，中世纪从庄园里逃亡出来的手工业者，较快地转入了工业化的大工业生产。西方城市化与工业化发展的动力来源也可以完整解释为“双核地域空间模式”。而中国是典型的集权的传统农业社会，可以解释为“单核地域空间模式”，城市在汪洋大海般的农业社会中生存，没有资产阶级法权意义上的土地关系和契约关系，由此产生的城市化“与传统农村有千丝万缕联系”，及至当代仍然是尚未与传统乡村“剪断脐带”的城市化。这一轮的新型城镇化必须在土地制度上有所突破，进行中国式的“第三次土地革命”①，只有这样才能融入世界城市化和全球一体化浪潮之中。

---

① 张鸿雁，“中国式城市文艺复兴与第六次城市革命”，《城市问题》，2008.1。

三、新型城镇化面临的问题与挑战

中国社会近代以来经历了多种形式的城市社会结构变迁过程①，这种变迁在总体上是一种社会进步型的发展。中国新型城镇化过程是这一变迁的继续，我们不难看到，在城市化的进化型变迁中，在解决传统社会矛盾和问题的同时，也在制造新的社会矛盾和问题，这是符合社会发展普遍规律的，没有不存在问题的社会，亦如发展本身就是问题，现代社会就是风险社会的命题一样，社会存在本身就是问题。因当代中国的城镇化具有历史的空前绝后性，其存在的问题也十分繁杂：有些是传统社会问题，即没有城镇化也存在；有些是城镇化引发和激化了的问题，要梳理出关键点加以解决。

“当我们渐近 20 世纪的尾声之时，世界上没有一个这样的地区：那里的国家对公共官僚和文官制度表示满意。”② 这是美国学者帕特里夏·英格拉姆在研究公共管理体制改革模式时的一段论述。正因为如此，从 20 世纪 60 年代以来，全世界几乎所有的国家都在进行制度改革，只是改革的方式和声势不同，特别是一些发达国家把改革与创新作为同一层次的认知方式，而不是把改革作为一种运动的方式。亨廷顿曾有针对性地对发展中国的现代化提出这样的分析：“现代化之中的国家”，面临着“政党与城乡差别”的社会现实，事实上中国的改革面临的社会现实正是“城乡差异”二元结构深刻的特殊社会历史时期，当代的许多社会问题的发生都与“城乡二元经济社会结构”有关。他认为：“农村人口占大多数和城市人口增长这两个条件结合在一起，就

---

① 张鸿雁等，《1949 中国城市：五千年的历史切面》。南京：东南大学出版社，2009。

② 《西方国家行政改革述评》，国家行政学院国际合作交流部编译。北京：国家行政学院出版社，1998.39。

给处于现代化之中的国家造成了一种特殊的政治格局。”中国城乡差别的现实充分证明了这一点，新型城镇化战略就是为了消灭城乡差别，建构一个相对公平合理的城市市民社会。

著名的历史学家斯宾格勒说：“一切伟大的文化都是市镇文化，这是一件结论性事实。”①人类伟大的文化总是属于城市的，这是城市区别于乡村的真正价值所在，也是人们对城市向往的原因所在。对于城市的“伟大”认知不止于斯宾格勒，早在中世纪，意大利著名的政治哲学家乔万尼·波特若在1588年出版的《论城市伟大至尊之因由》一书就提出了“城市伟大文化”的建构与认知。他对城市的评价是这样的：“何谓城市，及城市的伟大被认为是什么？城市被认为是人民的集合，他们团结起来在丰裕和繁荣中悠闲地共度更好的生活。城市的伟大则被认为并非其处所或围墙的宽广，而是民众和居民数量及其权力的伟大。人们现在出于各种因由和时机移向那里并聚集起来：其源，有的是权威，有的是强力，有的是快乐，有的是复兴。”② 我惊叹于四百多年前的学者能够对城市有如此独到而精辟的论述，虽然这种论述包含着对王权价值的认同，但论者能够从独立的视野中发现城市的价值实是难能可贵。而且，四百多年来人类社会的工业化、现代化和城市化过程也充分证实了这种美誉式的判断。同样，也是在四百多年前，乔万尼·波特若还提出了创造城市伟大文化的方式与入径：“要把一城市推向伟大，单靠自身土地的丰饶是不够的。”③ 城市的发展、建设和再创造，要靠城市公平、开放和创造自由。

《世界城市研究精品译丛》的出版目的十分明确：我国的城市理论研究起步较晚，西方著名学者的研究成果，或是可以善加利用的工具，

---

① 奥斯瓦尔德·斯宾格勒，《西方的没落》，齐世荣等译。北京：商务印书馆，2001.199。

② 乔万尼·波特若，《论城市伟大至尊之因由》，刘晨光译。上海：华东师范大学出版社，2006.3。

③ 同上。

有助于形成并完善我们自己城市理论的系统建构。在科学理论的指导下，在新型的城镇化过程中，避免西方城市化进程中曾出现的失误。新型城镇化是在建立一种新城市文明生活方式，是改变传统农民生活的一种历史性的改变。“新的城镇，也会体现出同社会组织中的现代观念有关的原则，如合理性、秩序和效率等。在某种意义上，这个城镇本身就是现代性的一个学校。”①

该丛书引进西方城市理论研究的经典之作，大致涵盖了相关领域的重要主题，它以新角度和新方法所开启的新视野，所探讨的新问题，具有前沿性、实证性和并置性等特点，带给我们很多有意义的思考与启发。

学习发达国家的城市化理论模式和研究范式，借鉴发达国家成功的城市化实践经验，研究发达国家新的城市化管理体系，是这套丛书的主要功能。但是，由于能力有限，丛书一定会有很多问题，也借此请教大方之家。读者如果能够从中获取一二，也就达到我们的目的了。

张鸿雁：南京大学城市科学研究院　院长

中国城市社会学专业委员会　会长

（2013 年 11 月于慎独斋）

① 阿列克斯．英克尔斯、戴维·H. 史密斯，《从传统人到现代人——六个发展中国家中的个人变化》，顾昕译。北京：中国人民大学出版社，1992.319。

深情地献给史蒂夫和汉娜·阿施海姆

目录

前言

对大多数读者而言，小说与城市间的密切关系很可能是显而易见的，而且不难理解，这种关系一直是长篇大论、有时又单调乏味的批评性讨论的主题。如果小说的读者和关注者一直以来绝大多数都是中产阶级，且如果小说这一于印刷机发明之后出现的唯一重要文体是出类拔萃的现代文学文体，这就完美解释了为什么小说应当一而再、再而三地聚焦于城市这一中产阶级生活的重要剧场及集体存在形式，这种存在形式在整个现代阶段经历了最令人叹为观止的、极具动态的成长。

然而，大多数对于这一大论题的讨论都以这种或那种方式集中于城市的物质现实是如何在小说中挂上号的。无论是在天真地、至少是不假思索地接受文学现实主义这一概念的老派批评家中，还是在新派批评家中（无论他们是马克思还是福柯的近代追随者，抑或是两者的追随者），这种集中性都同样明显。也就是说，新老阵营的批评家们都津津乐道于小说是如何"表现"或"反映"城市现实的。他们追问，从阅读有关伦敦的贫民窟、巴黎的下水道、19 世纪大都会新兴的购物商场的时代小说中，从阅读有关股票市场、妓院、上流社会和剧场之类的机构的时代小说中，从阅读有关阶级关系、社会流动性、权力机制和城市生活的新经济压力的时代小说中，一个人能够了解到些什么？

当然，此类问题往往并非与许多小说家，特别是 19 世纪的小说家所想到的种种目的毫无关联，因为有些作家会把自己的行为想象为一种有关当代世界的特权独享的报告文学形式。但对物质现实和社会机制关注的表现往往模糊，小说写作与新闻写作之间还存在着质的差异，而且在从小说想象走向客观的集体现实之时，可能还存在着固有的局限性。毕竟，写一本小说，就是从一个高度渲染过的视点来重塑这个世界——这一点不可避免，小说家们常常如此，包括小说中的人物。个人想象的这一艰辛过程既清晰地体现在诸如声称自己是当代社会小心翼翼的实验生的埃米尔·左拉（Emile Zola）这样的小说家身上，也体现在弗吉尼亚·伍尔芙（Virginia Woolf）这类抒情小说家身上。

在从19世纪最后几十年直至20世纪初的这段时期（这正是本书以下章节所考察的时间跨度），小说的一种决定性发展是这样一种实践：叙事越来越多地通过小说主人公或主人公们每时每刻的体验——感官的、感觉的、精神的——来进行。即使是在小说家同样时时刻刻地关注社会和物质的直观表现之时，这种我应当称之为实验现实主义（experiential realism）的普遍程序也可以成为叙事的中心。实验现实主义的微妙展开与都市现实新秩序的出现间的交叉点，正是此处呈现的从福楼拜到卡夫卡和乔伊斯等一系列小说家所考虑的对象。从19世纪初至20世纪的前几十年，欧洲大城市呈指数级地发展壮大。（美国城市也在这一时期迅猛发展，却较少成为小说家们的关注对象，因为其发展出现在完全不同于欧洲的文化语境中，所以在此处的单一框架中尽量不同时讨论两者似乎是种审慎之举。）有大量证据（其中很多是文学之外的证据）表明，城市的这种迅猛增长引发了都市体验本质中的某种根本性变化。从建筑到公共交通再到经济，无论新的客观现实是什么，个人对生活在这种新都市地带的感受都迥然不同——步行在城市街道之上，融入市区熙熙攘攘的人群之中，暴露于呈几何级增长的喧闹与杂乱之下，居住在城市新兴人口聚集区的公寓大楼或出租房屋里。关于时间和空间的基本分类、自我的界定、个人自主权的感知开始发生变化。那些小说家在记录时千方百计地使之日趋精细和更具说服力的东西，那些使他们区别于新闻记者的东西，就是个人体验到的那捉摸不定的脉动，即心智与感觉是如何在世界中发生的，是如何构建世界的，或者，是如何在偶然间被世界弄得惊慌失措的。

小说的实验现实主义追寻的是对于欧洲城市的业已感知的新现实的反应，它引导我从福楼拜开始，而不是巴尔扎克，否则后者也许是个更加突出的起始点。它还将我正试图讲述的故事不偏不倚地一路带向卡夫卡，乍一看，卡夫卡似乎从未染指过任何真实且具历史性的城市小说的描写，但事实证明，他是小说作为当代都市体验地震仪功能的具有启发意义的例证。就文学史而言，这一调查研究始于19世纪末期的一个人们可以探测到、至少是可以追溯到的现代主义的先导时刻。调查研究止于20世纪20年代出现的4本小说，这个阶段是我们现在通常称之为极盛现代主义（High Modernism）的顶盛期。这一终止点绝非意在暗示从那时起人们对于城市小说论述的兴趣已荡然无存，而是表明20世纪20年代确实标志着始于福楼拜的散体小说（可能也表现在波德莱尔的诗歌之中）的某一发展弧线的完结。随着历史的飞速前行，发达世界的大多数城市在过去的80年中一直在持续壮大，只不过速率较前稍缓而已，而且它们似乎完全超越了从19世纪初至20世纪头30年都市中心区的极速发展所触发的过渡期间的巨大困惑。无论在何种情况下，我的小说选择都明白地指向提示性而非综合性。这些讨论无意于对小说和当代城市的历史展开宏大叙事（到目前为止，人们依旧有权利对极端的宏大叙事持怀疑态度），而是意在充当一种选择性采样，以此来突显小说发展中那一始终斑驳难辨的画面的中轴线。我希望这一调查研究不只具有考证之趣，因为我认为，折射在这些书籍中的发展脉络也许依然有要紧话要对我们这些居住在城市中的人说，在城市中，与都市生活相伴随的问题的出现要远快于解决方法的出现。

有关福楼拜的两个章节最初作为雷马克欧洲文化系列讲座（Remarque Lectures in European Culture）2002年秋呈献于纽约大学。我要感谢雷马克研究所（Remarque Institute）所长Tony Judt邀请我作这些演讲，并就讲座主题安排了一门学院的研讨课程，它们向我提供了珍贵的智慧启迪。这两个有关福楼拜的讲座，加上随后的 6 个讲座，后来变成了我于 2003 年在牛津大学所作的温菲尔德欧洲比较文学系列讲座（Weidenfeld Lectures in European Comparative Literature）。我想特别感谢温菲尔德委员会的 Tony Nuttall 邀请我作这些讲座，感谢圣安妮学院（St. Anne's College）院长 Dame Ruth Deech 的热情好客。我的好友 Michael Bernstein 和 Tom Rosenmeyer 阅读了我的手稿，我要对他们敏锐的评论深表感谢。

本书在文秘方面的开销以及研究花费由加利福尼亚大学伯克利分校比较文学席位 1937 级基金会提供。我要感谢 Janet Livingstone 为我忠实准确地打印手稿。

第一章　福楼拜

——旁观者的让位

所有关于记录小说对现实的处理方式的术语使用——表现它、折射它、歪曲它、虚构它、规避它，全取决于批评者的方法——最不可或缺又最捉摸不定的是语言。当我们说法语和意大利语是两种不同的语言时，我们对其中的意思心知肚明，但“小说语言”这一术语在文学中是否多半是一种比较宽泛的比喻性运用却不是很清楚。对20世纪的理论家巴赫金（M. M. Bakhtin）来说，语言的作用已在我们的文化经验中强烈地显示了它的向心性，是流行术语混乱的征候。当巴赫金论及“语言”时，只是在极其偶然的情况下，才确指某种如俄语或法语之类的清晰明确的东西。更为常见的是，他使用这一术语来指那种语言学家会称之为社会方言的东西——一种接近于共有语言的特殊版本，它会折射出一般社会内部的某个阶层、子群或政治的乃至行业团体的价值观、兴趣和意识形态。巴赫金喜欢将词汇、声音和语言作为大致相当的术语来使用的倾向加重了语言用法的这种易变性，而且并非只有他一人会如此随意。

从某种最基本的意义上说，一种文化的日常话语（无论是口头的还是书面的）及其小说无疑都显示为相同的语言，一些小说家还煞费苦心地强调这种相同性，著名的例证是司汤达（Stendhal），他声称，他的小说是按照民事法典的风格写作的。没有人会否认，《巴马修道院》（*The Charterhouse of Parma*）和“七月王朝”（July Monarchy）的政府法令同样都是用法语书写的，而路易斯·菲利浦（Louis Philippe）的官员们也无须用特殊的字典才能破译司汤达的小说。文学语言与日常使用的语言间的显而易见的持续性必须得到承认，不过，我得说，在19世纪日益完善的小说语言的发展进程中，有一整套的独特实践都在力图使小说成为一种更恰当的承载工具，以表现一种被广泛视为新现实的事物。这些技术上的精进转而在20世纪头25年间被现代主义者们所吸收并发扬光大。

安·班菲尔德（Ann Banfield）在其名为《不能说的句子》

(*Unspeakable Sentences*)① 的研究著作中对小说语言与日常交流语言间的分裂从技术性语言的层面进行了严格界定。她煞费苦心地证明，有些句型只能出现在叙事性虚构文体中，而不能出现在日常话语中，叙事性虚构文体以一种专门化的方式改编了普通语言的时态系统来构建一种完全不同的时序性序列，这还涉及一系列的指示词，即“指向性词汇”，其功能与虚构文体之外的使用方式可能是完全不同的。她的分析得出的结论是，小说语言发展了自己的语法和句式，在某些方面仅仅在表面上与日常话语的语法和句式相类似，它缺乏文学之外的语言的那种实际的交流功能。作为一位信奉乔姆斯基（Chomskian）理论的语言学家，班菲尔德相信，她所描述的那些独特不凡的语言特征或多或少地会自发显现为一种普遍的语言特征，这是言语与书写间的区分性潜质造成的。我自己的注意力将放在19世纪欧洲历史转折经验的一些元素上，它们在小说语言的重塑中，引导了一种共同的体验。我不会强调技术性的语言分析，因为绝大多数伟大的小说家毕竟都是些对体现在词汇介质里的美既敏感且具独创性的人，所以我将特别关注小说语言是如何在一些特定小说的风格中得到具体体现的。

正如沃尔夫冈·席维尔布施（Wolfgang Schivelbusch）在其有关铁路对19世纪的想象力的影响的研究中所详细阐述的那样，新技术和公共及私人空间的新配置的引进，以及与这些技术交互作用并在某种程度上造就了这些新技术的社会关系的导入，改变了欧洲人体验时间和空间的基本分类方式。让我来引用一个他讨论的典型例子，即火车站所采用的熠熠生辉的新型玻璃建筑的影响，他总结为这样的建筑将“幻灭”（evanescence）一词的总体印象强加给了感知过程：

---

① Ann Banfield，《不能说的句子：小说语言中的叙事手法》（*Unspeakable Sentences：Narrative Representation in the Language of Fiction*），Boston：Routledge and Kegan Paul，1982.

> 色泽一致的光线和光影对比的缺失使过去那些习以为常的感知能力失去了方向，正如铁路不断提升的速度使固有的空间感知迷失了方向一样。行进起来整齐划一且以直线方式呈现的轨道运动，被体验为一种抽象的、纯粹的运动，与它在其间发生的空间剥离开来。与此类似，玻璃钢建筑所构成的空间也以纯粹而抽象的光线—空间形式出现，与所有传统的建筑形式断然分离，构成一个没有色泽和对比的空间。①

我还想通过阐释手段的方式提出此类分析中的第二个步骤，通过这些手段，文学（如同绘画、摄影以及后来的电影那样）使一种创新语言变得时尚起来，以表现当代意识中的这一基本转变。19世纪重大的历史性动态场所是城市——它既是变化的起因，也是它的结果。在整个欧洲，掀起了一波又一波的从外省至大城市（巴黎、伦敦、彼得堡、维也纳）的移民潮，尤其是寻求新的经济机会和社会机会的年轻男性群体。有证据表明，向社会阶梯的底端看去，大量年轻女子也在向城市移民，其中大多是在都市寻求女仆之职的乡下姑娘。可是，这个群体几乎无一例外地停留在小说表述的门槛之外，而小说表述的绝大部分关注力都放在了中产阶级身上。在小说表述中，移民通常都是年轻男子，而他们所构成的人口运动映射在一种被频频使用的小说情节之中，莱昂内尔·特里林（Lionel Trilling）将这种小说情节恰如其分地称为“外省来的年轻人”（Young Man from the Provinces）——这让人联想到巴尔扎克笔下的拉斯蒂涅（Rastignac）和吕西安·德·吕邦波莱（Lucien de Rubempré）、司汤达笔下的于连·索黑尔（Julien Sorel）、狄更斯笔下的皮普（Pip）、陀斯妥耶夫斯基笔下的拉斯科尔尼

① Wolfgang Schivelbusch，《铁路之旅：19世纪时间与空间的内在化》（*The Railway Journey: The Internalization of Time and Space in the Nineteenth Century*），Berkeley：University of California Press，1986，pp. 47～48.

科夫（Raskolnikov）。当然，这一时期的小说家们还常常对乔治·艾略特（George Eliot）在其《米德尔玛契》（*Middlemarch*）一书的副标题中称之为“外省生活研究”（A Study of Provincial Life）的东西兴趣盎然，但把小说中的现实进取心搬上舞台的最引人注目的剧场正是19世纪的新城市。

没有其他地方比巴黎更能为这种进取心提供强有力的刺激了。波德莱尔在其著名的诗歌“Le Cygne”（天鹅）中说，巴黎的街道正是斩草除根的历史变迁之具体体现。在19世纪的上半叶，这座城市的人口翻了一番。到1860年，就在波德莱尔对记忆中的城市的消失进行充满诗意的回顾后的不到几年的时间里，巴黎已将周边的郊区并入主城区，从而使人口再次增加了1/3，并使城区扩大了一倍。在这一人口统计学和地理学的扩张之上，你还必须加上爆炸性的政治变革所带来的持续压力。正如许多评论家观察到的，使巴黎成为19世纪欧洲历史变迁之大熔炉的首当其冲的原因，是它充当了1789年、1830年、1848年和1871年的欧洲革命的主要竞技场，而在那些日期之间，至少是在某些圈子中，人们多多少少会怀有对于潜在剧变的长期焦虑。

这种如雨后春笋般大批涌现的新都市现实的总体影响，正如这一时期的小说所活灵活现地证实的那样，是令人激动、陶醉、困惑和提心吊胆的。一个试图在巴黎闯天下的外省年轻移民也许会拥有一个不断变化的朋友圈，但几乎不可能拥有一个稳定的社群。（外省人有时也会以家庭为单位搬迁到大都会，但正如农民阶层一样，此类群体很少成为小说中的表现对象，因为它们在追踪个人命运方面乏善可陈。）步步高升的社会机遇和经济机遇也许会激发新城市居民的想象力，但大都会竞争之残酷有可能轻而易举地令他沮丧气馁，缴械投降，而他自身的日常状况很有可能导致一种无依无靠的隔绝状态，巴黎大学社会学家埃米尔·涂尔干（Emile Durkheim）后来给这种状态杜撰了一个名称——“失范”（anomie）。小说家们精心赋予巴黎的典型隐喻是，它是一个巨大的后宫（里面充满了性机遇和经济机遇的诱惑），一座金碧辉煌的大百货商店（另一种说法是，一个嘈杂喧闹的大市场），一块异乡人和建筑的乐土，一片战场，一间地狱。

但除了这类无疑有些夸张的隐喻性表达方式之外，一个作家怎样才能运用小说语言来应付这种新现实？在我看来，这段历程中的决定性角色不是巴尔扎克——他事实上是适才提及的绝大多数城市隐喻的出类拔萃的散播者——而是福楼拜。他的伟大的巴黎人小说《情感教育》（*The Sentimental Education*，1869）扩展了《包法利夫人》（*Madame Bovary*）中的技术革新，但作为19世纪历史背景下的叙事作品，作为对人类价值的一种愿景，它要比其前辈更加激进，尤其是它对城市的描述抢在了那些全神贯注地品读福楼拜作品的伟大的现代主义者之先。

在我们考察福楼拜之前，我要先论及批评方法论中的一个信念。最近的许多有关小说的讨论，无论是经过新历史主义特别是福楼拜所改变过的，还是被马克思主义所改变过的，抑或是被女权主义改变过的，都会强调历史语境在决定那种有时被马克思主义语言称为“文学生产”（literary production）的东西时的关键作用。我们当然需要了解语境，没有一个神智健全的批评家会想象文学成就会奇迹般地无中生有。我在自己的叙述过程中要抵制的是这样一种概念：文学从根本上说是意识形态的反映；或者如安·班菲尔德似乎暗示的那样，它首先是语言中所固有的形式潜能的体现；或者，如玛格丽特·科恩（Margaret Cohen）在她勤勉的研究论著《小说的情感教育》（*The Sentimental Education of the Novel*）①中所论证的那样，虽然在很多方面缺乏说服力，但应当从整体角度将文学理解为一种文学符号的演进。专注于个体作家的巅峰成就有时被轻蔑地指为是一种给文学史“树碑立传”的做法。的确，文学史扩展了我们对文学是关于什么的感知，从而使

① Margaret Cohen，《小说的情感教育》（*The Sentimental Education of the Novel*），Princeton：Princeton University Press，1999.

我们对整个文学市场形成某种概观，譬如科恩在探索19世纪由妇女书写的情感小说时所提供的文学市场概观，但人们几乎不需要参照如芭芭拉·卡特兰（Barbara Cartland）这位曾有几百部作品大肆风靡而完全程式化的爱情小说的作者，以便说明玛格丽特·阿特伍德（Margaret Atwood）充其量只是个一派清新的原创小说家，在按照想象艺术的完全不同的顺序工作。我认为，到怀疑年代的这一后期时刻，天才也许成了批评话语中的彻底禁忌，但一些与天才相对等的词汇似乎必不可少，这样才可以描述福楼拜在完善 le style indirect libre（按照多里特·科恩［Dorrit Cohn］的说法，我应当称之为叙事性独白）这一技巧时的突破性进展，这种技巧也时断时续地为其他作家所用——在19世纪初期，简·奥斯汀（Jane Austen）和司汤达偶一为之。为了呈现人物的观点，与其他同样重要的技巧一道，叙事性独白在福楼拜那里变成了表达一种新现实感的工具。

为什么这段历程始于福楼拜而非巴尔扎克？巴尔扎克显然为自己布置了成为新兴大都会的游吟诗人的任务，而且“文学中的城市”的标准调查十分恰当地对他投入了相当多的关注。但巴尔扎克是从一个假定的权威立场去表现城市的，这不足以完全公正地评判19世纪新城市景观那积极活跃又令人迷失的现实性。首先，因为他的注意力全都放在巴黎城市景观的那些可观察到的细节上面，从新建的购物拱廊到隐匿着犯罪与性交易的破败街区（quartiers），所以巴尔扎克更多的是巴黎神话的讲述者，而非城市经验的真实目击者。他喜爱调用传统神话中的意象来让人联想到他眼中的巴黎的恢宏壮丽、紧张强烈以及各种极端因素的结合交融。他用于描摹城市的言语总是那么夸大其辞，反映了一种对于铺排和匀称的对比的热爱。巴尔扎克有意识地在一系列分散在其小说各处的长短不一的夸张的场景片段来“造”巴黎。一个典型的例子是《金目少女》（*The Girl with the Golden Eyes*）中长篇大论的引言部分，在引言中，他凭借想象为读者召唤来一种有三面墙体的公寓楼，这使他得以按照渐次上升的社会顺序清晰明白地呈现出那些房客们，从底层的无产者到位于他们上方的小资产阶级，再向上穿过法律业者和艺术家，直至居住在顶层的贵族们。作为巴黎的神话讲述者，他邀请我们通过一个接一个的隐喻镜头来观察巴黎——阴险的假面舞会、蒸汽轮船、战场，还有最重要的——人间地狱。这种总是与赞扬道德价值的渴望联系在一起的对于隐喻的热爱，导致了一种城市的寓言化。下面是一个典型的段落（我提供的是近期卡罗尔·科斯曼［Carol Cosman］翻译的精妙恰当的英语版）：

> 于是，这座城市可能并不比你所欣赏到的那些乘风破浪的华丽壮观的轮船的锅炉引擎更具道德感、友爱感，或是比它们更加干净整洁！巴黎其实是个盛满了智慧的华美容器。是的，她的盾徽有时是由命运发出的神谕。巴黎城拥有她高耸的青铜桅杆，上面镌刻着种种胜利场景和大权在握的拿破仑。这条船有可能会颠簸摇晃，但她在人的世界中破浪前进，借由其成百上千的护民官之口来添加燃料，全速前进地犁过科学的海洋，通过她的学者和艺术家的声音呼喊：“向前，前进！跟我走！”①

在诸如此类的时刻，你会觉得巴尔扎克有关巴黎的文学神话呈现的不是这座城市，而是有关它的激情四溢的宣传材料。重中之重的是这样的观念：巴黎，尽管它有着粗粝的矛盾性和地狱般的面孔（或者更确切地说是因为它们），它都是事件的发生之地，是整个世界都向之行注目礼的地方。在滑铁卢大败15年后，拿破仑和胜利主题的古怪嵌入是一种具有启发意义的象征，代表着将巴黎设立为历史先行者的冲动，甚至无视它实际上的政治命运。

是巴尔扎克式的叙述者想要充当巴黎的权威性指南的持续努力，

---

① Honoré de Balzac，《金目少女》（*The Girl with the Golden Eyes*），Carol Cosman 译，New York：Carol and Graf，1998，22～23.

尤其是与创造一种文学神话计划的交织，让我们相信城市不同寻常的重要性。实际上，巴黎的指南书籍在18世纪末已开始出现，在19世纪数量激增，普里西拉·帕克赫斯特·弗格森（Priscilla Parkhurst Ferguson）的描述很详细，也很有意义。[①]巴尔扎克显然将指南书籍的教育性目的挪入了他的小说世界，通过使用分类性科学（最著名的是动物学）的参考文献的方式来强化这些目的。我要强调的是，尽管他是欧洲文学大师级的故事叙述者之一，可他的巴黎指南式的段落中所使用的语言并非叙事性虚构文体的语言。正是在这些段落中，热拉尔·热奈特（Gérard Genette）对巴尔扎克作品中的 récit（叙述）和 discours（话语）所作的著名区分才极其重要。巴尔扎克在他扮演巴黎导游这一角色的段落中没有采用虚构文体的独特语言来具象描述这座城市逐一展开的经验故事。反而，他的语言是解释性、说明性的，富于修辞上的平衡与对照，痴迷于库存清单式的分类目录，执着于主题的统一性。（在《金目少女》的序曲中，我们被一再告知："金钱与快乐"是发生在巴黎的一切事情的密钥。）他将自己扮演成"科学礼仪"的实践者，并且因为他是个法国人，这便意味着他的言论常常会以沉甸甸的格言的形式出现——"在巴黎，自负是各种激情的集合"；"快乐如同某种药性物质：为了维持同等效果，你就必须将剂量翻倍，而这不可避免地会导致死亡或愚钝"。正在考虑中的关于动物和栖居地的本质的权威性声明已经明确地蓬勃发展："巴黎人对一切都兴味盎然，到头来，对一切都觉得索然无趣……巴黎人无论年龄大小，都活得像个孩童……在巴黎，没有一种情感可以抵御得了事物的变化多端，逆流而动的挣扎打压了激情。"（第2、3页）

作为一种词藻华美的艺术表现，这一切都以横溢的才华和充沛的

---

① Priscilla Parkhurst Ferguson，《革命的巴黎：19世纪的城市写作》（*Paris as Revolution: Writing in the Nineteenth-Century City*），Berkeley：University of California Press，1994.

精力得以执行，从我们现代后期的观点来看，它拥有一种经久不衰的魅力。1850年后，鲜有作家会遵循这种巴尔扎克式的门径，因为没有人愿意自称具有权威性的确证，可为其对这座城市的不得要领的描述提供信息。对于许多人而言，这座大都会似乎越来越像一座剧院，它令人迷惑，对抗有代表性的整体，缺乏社会的、政治的，进而是主题的一贯性。设计出记录城市的这种感觉语言的，正是福楼拜。

到目前为止我还没有提及“浪荡子”（flâneur）这一形象，此形象对许多人而言，可能是通过瓦尔特·本雅明（Walter Benjamin）的广泛影响，已变成在思索19世纪巴黎的文学反应时不可或缺的一部分。浪荡子是游手好闲的路人，是丰富多彩、变化多端的都市生活的好奇的，也许是无聊的、漫无目的的观察者，是看热闹的行家里手。在其短篇小说《法拉格斯》（*Ferragus*）第二章的开头部分，巴尔扎克开列了一长溜的浪荡子分目，他要么直呼其为浪荡子，要么简单地将其分派为“路人”甚至是“巴黎的步卒”。巴黎被想象为活力四射之地，由下水道口喷涌而出及从暴风骤雨中的屋顶上奔流而下的湍急流水构成的壮观景象成了这种活力的典型象征。这一切，以及“最后的成百上千的那些非凡的无用之物都成了浪荡子们饶有兴趣地细加研究的对象”。于是，巴尔扎克的叙述者（他在此处可说是清晰露骨，而在整篇小说中则含蓄隐晦）的立场就是个超级浪荡子的立场，在其权威性的概观中容纳了所有的个体浪荡子，同时又与他们共有着旁观者那兴味盎然、不知疲倦的好奇心，而这实际上似乎常常成为他在讲述这些被激情、妒忌和可怕的痴迷撕扯得四分五裂的巴黎生活时的基本原理。

构成《情感教育》中那重复性短路情节的有关徒劳无益和挫折失意的故事记录了浪荡子的衰落，也即旁观者身份的消亡。乍看起来，这也许听上去像是相当突兀的声明，因为故事主人公弗雷德里克·莫罗（Frédéric Moreau）作为一个终于可以无所事事的角色，理当显现为某个事实上不断地代替生活旁观者身份的人。福楼拜更为敏锐的洞察是，沐浴在都市介质那激情澎湃而又冲突不断的刺激的个体，只能透过个人先入为主的（福楼拜为此发明了一种叙事技巧）变形的介质才能够认清他们，而且，作为兴味索然的旁观者的浪荡子主要是个文学的虚构形象。发人深省的是，在小说中，当弗雷德里克变成了一个真正的浪荡子之时，正是1848年的暴力革命之际，应当将其纯粹的旁观者身份塑造成一个骇人听闻的对立面。下面是弗雷德里克刚刚在乡下与新近对其投怀送抱的情妇萝莎奈特（Rosanette）共度过一段田园牧歌式的生活后重返巴黎、途径战区时的描写：

> 战鼓雷鸣，发出进攻的信号。尖厉的呐喊声、胜利的欢呼声此起彼伏。人潮阵阵涌动。弗雷德里克驻足于摩肩接踵的两大群人之间，丝毫不为所动，不受任何情况的约束，欣欣然地自我陶醉着。虽然伤者纷纷倒下，死者尸横遍野，在他眼中却不曾有真死真伤之相。似乎他只是在参加一场表演。①

浪荡子作为这些生与死的场景中的心情愉悦的观察者，其立场当然存在严重的问题，也许甚至是一种病理学的征候。弗雷德里克置身事外的旁观者身份所取得的效果是，耗尽了他周遭世界的现实性，将关系到生死存亡的致命冲突削弱为幻想中的表演（*spectacle*）。在此事例中，对他而言使这一特殊立场成为可能的，正是他所目睹的事件的纯粹极端性。隆隆的鼓声、呼啸而过的枪弹和倒下的尸体都足够惊心动魄，使他可以在一时间忘却对阿尔努太太（Mme Arnoux）的一往情深以及与萝莎奈特的色欲纠缠，忘记他那模糊不清但咄咄逼人的出人头地的梦想，使他沉浸在冷眼旁观的欢愉之中。显而易见，他对某些事情是力所不能的，这与他喜欢随波逐流而非成为弄潮儿的倾向完美相合（小说以身处向着塞纳河驶去的轮船之上的弗雷德里克开始，是

---

① Gustave Flaubert, *L'éducation sentimental* (Paris: Flammarion, 1985), p.357. 此小说的所有译文都由该书作者译出，本书以后的全部引文均出自该版本。

多么恰如其分啊），而他力所不及之事，正在进入他所观察的场景，切切实实地参与其政治的或道德的现实。他作为纯粹的浪荡子的时刻正暴露了旁观者身份的空虚。

让我们把弗雷德里克将革命当作一场纯粹的剧院演出来观察的场景和小说此前的一个场景相比较，后者貌似浪荡子角色的经典事例，但事实证明它完全是另一回事。那个段落实在太长，不便全文引述，但我理当努力提供一个梗概。这时的弗雷德里克是阿尔努家公寓的频频造访却又频频碰壁者，像往常一样，他对阿尔努太太心醉神迷："因为他无事可做，他的缺乏消遣便加剧了他的忧郁。"他一连数小时地站在阳台上，俯瞰塞纳河的各个码头、圣母院大桥、市政府、杜伊勒里宫的穹顶。他焦躁不安地走回房间，在躺椅上伸开手脚，纵情地陷入连绵不断的神思之流，然后走出门去，在街道上徜徉，他在此处对于商店、工匠、四轮马车、建筑物以及其他行人的观察都与巴尔扎克笔下的浪荡子的行为在表面上如出一辙。但当他穿行于城市街道的喧闹、灰尘和仓促之中时，他对眼前所见既不感到好奇，也不以之为乐（就像在那个战斗场景中一样）："他觉得自己被那些粗糙僵硬的面孔、傻里傻气的评论、分泌在额头上的汗水中的愚不可及的满足感恶心得翻肠倒肚。但是，自觉凌驾于这些人之上的意识减轻了观察他们所带来的倦意。"（第 117 页）倦意是最不可能出现在怀着好奇心观察都市场景中的人物和处所的真正浪荡子的头脑中的东西。另一方面，弗雷德里克之所以对于观察街道场景感到精疲力竭、厌恶之至，是因为那些粗鄙无闻的市井之徒使他不得不直面自身的无足轻重——对此，他的防御性反应是陷入典型的高人一等的幻觉，而他实际上的所作所为完全无法为这种幻觉提供根据。

与此同时，在观察巴黎全景的表面背后，一个纯粹投影式的形象闪烁不定，那才是弗雷德里克真正的关注对象。当他从自己的阳台极目远眺杜伊勒里宫那映衬在天际之下的穹顶时，他心想："在那后面，就在那个方向，定是阿尔努太太家之所在。"推想性的动词"定是"

(devait être) 是叙事性独白的言语指示符，在这个例子中，则是一缕思绪的线索，这思绪在竭力想看穿世界自身的沉迷轮廓时，却并不将世界全然接受下来。在这个长长的段落的末尾，当弗雷德里克继续在街道上漫步时，每一个他遇见的妇人，每一件映入他眼帘的陈列商品，都会将他的想象带回到他所渴望的那个缺席的女子身边，下面这句话是对他的迷狂的恰当总结："巴黎令人想及她的存在，这座伟大的城市像支庞大的管弦乐队，在她的周围嗡嗡作响。"（第 120 页）

就技巧而言，《情感教育》的缜密精准令人叹为观止，其中的每个情节都从人物角色的视角加以呈现。这当然会再现福楼拜于 15 年前的《包法利夫人》中就已臻于完美的一系列叙事技巧，但是，在他有关外省生活的小说中，这些技巧主要在于揭示主人公焦躁不安、充满幻想的内心世界，而在这里，它们既充当了弗雷德里克内心世界的传声筒——像爱玛一样，他也沉迷于幻想——同时也呈现了触动他的都市环境的鲜明特征。我绝对无意贬低《包法利夫人》的技巧革新在文学史上的重要性或其公认的华彩。正如我已经提及的，外省生活始终是 19 世纪小说一再重复的焦点，尤其是这本关于外省生活的小说，因其技术上的种种奇思妙想，无疑赢得了比《情感教育》广泛得多的读者。通过主要角色的视角展开的叙事发挥了淋漓尽致的作用，既传达了爱玛身处陈腐平庸乃至冷酷无情的外省小镇所感到的孤立隔绝，也表现了她被阅读滋养而成的对于浪漫和色欲的幻想的沉溺。但当福楼拜将这同一套技巧转至都市王国时，它们便变成了呈现在小说角色的意识与城市自身的本质间达成的某种共谋的工具，因而承担了记录一种历史过渡的新角色。有时，叙事的内在化会涉及他未说出口的内心语言的暗示（即叙事性独白，以叙述者为介导的内心独白）。通常来说，焦点在于他的视觉的甚至是听觉的感知。此处有个小而特征鲜明的精致例子，里面涉及弗雷德里克和萝莎奈特的共有视点，当时，他们完成了去布洛涅森林的郊游，坐着一辆租来的两轮马车，趁着夜色回到巴黎："终于，他们回来了，穿过凯旋门和宽阔的林荫大道，呼吸着空气，头顶上星光灿烂，极目所见，所有的煤气灯串成了两行熠熠生辉的珍珠链。”（第 429 页）从珍贵的装饰物构成的语义场中得来的隐喻标志着福楼拜在表现城市风景时那显著的唯美化倾向，尽管在这一事例中，具有美感的结局乃至与珠宝的特殊关联都受到恋人们的幸福感的促动，这种幸福感是弗雷德里克与他的（昂贵的）情妇所共有的。你应当注意到，“极目所见”明确地暗示了福楼拜在构建视点时那画家般的精确。

更为普遍的是，纳入弗雷德里克眼帘的都市景象是被打成了碎片的，或者说，它变成了某种光谱性的东西，尤其是在小说投入了相当多的关注的夜景描写中。我们在以后会回到预示着城市的现代主义处理方式的碎片现象，但此刻，让我来引述一个相对纯真的例子，它与主题的关联并不密切。弗雷德里克在小说后文中，曾在他富有的第二任情妇的丈夫当布勒斯先生（M. Dambreuse）的尸床边度过了一个晚上，现在，黎明来临了：“他们听了两个小时的前往菜市场的运货马车发出的阵阵沉重的轰响。窗玻璃已泛白，一辆小型四轮马车驶过，然后是一群母驴在路面上的疾步慢跑，还有榔头的击打声，街头小贩的吆喝声，突然吹响的喇叭声：这一切汇成了正在苏醒的巴黎的美妙的声音。”（第 457 页）此处首先出现的三个动词：“听”（entendit），“泛白”（blanchirent）和“驶过”（passa），都使用的是过去式（passé simple），这种专门的时态通常是书面叙事所特有的，但接下来，动词完全消失在了一连串以名词短语的形式呈现的感官材料中，而当两个动词重新出现时，第一个是未完成时的动词慢跑（trottinaient）（我将其翻译成了现在分词 trotting），此处用以暗指在一段并不特别的时段内的持续活动，而第二个动词是现在时，“正在苏醒”（s'éveille），以标志周而复始的循环往复。我之所以要提及一系列的时态，是因为这个段落始于一个“历史性”叙事的标记，即为当布勒斯先生的尸身值守之夜宣告结束的外在指示符，但随后转入了一系列的互不相干的听觉的细节描写，它们使停留在屋内听到这些声音的人似乎处于当下的内在时间中。令人震惊的是，这与巴尔扎克对于城市景象和声音的长篇分类截然不同，即使它对于巴黎生命力的日常复苏怀着某种与巴尔扎克同样的兴奋激动。此处没有都市的全景画面，因为没有概观性的叙事存在。城市的现实在它对人物的感官形成冲击时得到透露，而这意味着，城市不是作为一个可以隐喻性地加以掌握的整体得以呈现，正相反，是通过提喻法，通过只能借助于暗示性才会建立起联接的细碎片段来呈现。

除此之外，福楼拜还经常颠覆由这些碎片式的感官刺激构成的现实的稳固基础，方法是将它们消解进由主人公的恐惧、幻觉和投射所构成的流动介质之中。尽管小说始于一个鲜活的清晨场景——早上六点，据我们所知——一条船驶离时的场景，但值得注意的是，福楼拜是如此经常性地选择为我们呈现弗雷德里克对夜晚和迷雾中的城市的印象。下面是在小说的开头部分，他与朋友在一家餐馆度过夜晚时刻后向家中走去时的描写：

> 然后，他慢慢地走回街道。路灯摇摆不定，在泥地上形成震颤不已的长而昏黄的反光。影影绰绰的身影沿着人行道的边缘滑过，手里拿着雨伞。路面光滑，雾气渐起，在他看来，那些包围着他的潮湿身影似乎正不知不觉地落入他的心中。（第 72 页）

深夜里的其他行人不过是些打着伞沿着人行道的边缘滑过的影子，这一事实从弗雷德里克的视角来看自然是准确可靠的。与此同时，在这个夜晚街道上的形单影只的漫步者的想象中，这些轻快掠过的黑暗形象具有模糊的威胁性，不知怎的正在侵犯他。狄更斯后期的充满沉郁之情的杰作《我们共同的朋友》（*Our Mutual Friend*），时常在《荒原》（*The Waste Land*）中被当作再现伦敦的先例得到引用——艾略特一直想从中选取一段作为自己诗歌的题记——但那种由一座“不真实的城市”所带来的普遍的、令人不安的感觉也许是艾略特从《情感教育》中也已经获知的某种东西。请让我从众多的例子中只挑选一个较短的例子提供给大家。这一次，弗雷德里克是在正午时分的光天化日之下，在此期间，他一直在等候阿尔努太太出现在她永远不会到来的高处的约会地点，他开始“沉重地沿着人行道行走”（精确地说是法语的惯用语，battre le trottoir），这时的他可能什么都是，就是不是个浪荡子：

> 他注视着路面上的裂缝、排水沟的口子、枝状大烛台、门牌号码。最微小的物体都变成了他的同伴，更确切地说，是具有讽刺性的旁观者；房屋那千篇一律的外立面似乎对他毫无怜悯之心。他的双脚被冻得生疼。他觉得自己消融在了那种被湮没的感觉之中。他的足音的回响令他的大脑震颤不已。（第 347 页）

把城市变为幽灵般的存在，夜晚和迷雾并非不可或缺，弗雷德里克自我诱发的内心折磨足以成就这一点。而使其成为“具有讽刺性的旁观者”的外部场景的细节观察很快便变成了令人痛苦的本体感受——足部的寒冷，脚步的回音敲入大脑。

《情感教育》穿梭往来于一种错综复杂的逻辑论证法之间，一边是构图美丽的绘画般的整体视野，一边是支离破碎有时还耽于幻想的世界影像，它或狂热或焦灼地抓着互不相干的碎片不放。但绘画般的场景片段从来不属于城市。事实上，它们几乎无一例外地集中在阿尔努太太身上，由弗雷德里克透过浪漫投影下的理想化介质所见。她总是以肖像画般的姿态出现在居家场景之中，或缝纫，或刺绣，或做其他一些家务活或母亲该做的活计，既是一种娴静和谐的女性形象（她的名字，玛丽，令人联想到圣母玛利亚的再现），又是一个令人向往的精美物体。因此，弗雷德里克最初对她的印象是，她坐在轮船的头等舱中，头戴一顶大草帽，草帽上的粉色缎带在她的身后随风飘舞，乌黑的辫子“似乎多情地压在她那椭圆形的面庞上”（这一表象当然是弗雷德里克充满渴望的凝视之产物)，而“她的整个身影在蔚蓝天空的映衬下显得轮廓分明（se découpait)”（第 51 页）（又一个优雅的绘画标记，因为蓝色在潜意识中会与通常被画成穿着蓝袍的圣母玛利亚的画像联系在一起)。这些精致肖像是主宰了小说的再现模式，它们的对比物在弗雷德里克初见阿尔努太太之前的甲板上的场景中已显而易见。我们看到的不是对于甲板的有条不紊的描绘，而是扑面而来的一长串杂乱无序而又肮脏污秽的杂碎清单——坚果壳、香烟蒂、梨子皮、裹在油腻腻的纸张中的午餐剩饭，在浪漫地理想化的人物描写的框架外的世界，被视为一个污糟不堪的零碎垃圾场。在小说开场部分作为公共场所出现的轮船甲板为城市景观提供了一种模式，而在城市中，书中的主要事件将一一展现。当然，垃圾是拥挤的市井生活的主要产物之一，在 19 世纪的新城市中，对呈指数级增长的垃圾的管理策略始终是重中之重，在大堆的垃圾中呈现出的状况阴沉地笼罩着《我们共同的朋友》中的伦敦城。然而，垃圾只不过是人类行为的惰性后果，在《情感教育》中的许多街道场景和人群场景中，福楼拜一心想唤起自己主人公对处于躁动不安的运动中的城市的感觉。都市全景图就像轮船甲板一样，始终是一瞥而过的碎片的杂乱堆积，这些碎片不是聚拢在一起的，而是人类活力的动态表达——从较为消极的角度看，这些碎片都是无生命的垃圾的活跃得近乎疯狂的远亲。这种作为一种杂乱物品的咄咄逼人的竞技场的城市感导致了一种大胆革新的再现模式，此模式预言了我们将继续探讨的现代主义小说的诞生。在进行这一探讨之前，我想借助于小说中间部分的一个较长的段落来为有关福楼拜和城市的最初观点进行总结。弗雷德里克和萝莎奈特从位于战神校场（Champs de Mars）的一个赛马场乘坐马车返回时，在一场不期而至的倾盆大雨中，陷入了香榭丽舍大街的拥堵之中：

> 一排排的车辆过于拥挤地塞在一处，时不时地，几条线会同时停下来动弹不得。于是，人们紧挨在了一起，互相窥探着彼此。

冷漠的目光透过装饰着盾徽的嵌板边缘落在人群之上；充满忌妒的眼睛在小型四轮马车的深处闪闪发光；不屑一顾的微笑回应了骄傲的歪斜脑袋；大张的嘴巴表达着白痴似的欣赏与崇拜；在道路中间，不时会有些浪荡子猛地跳回身去，以躲避在车辆间东奔西突地想要冲出重围的骑马者。随后，一切都恢复了运动：马车夫松开了缰绳，垂下了长鞭；生机勃勃的马儿摇晃着马鞍，抖掉周身的汗水，臀部和后腿以及潮湿的鞍具冒着水蒸气，与渐沉的夕阳的余晖交织在一起。从凯旋门下经过时，夕阳将一道泛红的光芒投射在人的头顶之上，它使轮毂熠熠生辉，同样放光的还有门把手、车队旗柄的尖端和鞍环；宽阔的大街如同由马鬃、衣物和人头组成的波动的河流，在大街的两旁，树木都被突然而至的雨水淋得晶莹发亮，如同两道绿色的高墙。头顶上方，片片蔚蓝的天空再次显露了出来，轻柔得宛如丝缎。（第 271～272 页）

像福楼拜的数不胜数的场景描写一样，这个壮观的场面当然也是一种精心建构的固定形式，而福楼拜无法抵御一种特定的唯美笔触，夕阳的余晖穿过茫茫的雾气，照亮之处熠熠发光，在丝缎般轻柔的蔚蓝的天空之下清晰可见。但图画般的漂亮景色绝非这一场景描写的主要印象。几乎再没有什么情景比交通堵塞更能说明现代化大都会中的共同体的崩塌以及它的系统性功能障碍。人人都企图抵达某处；人人都令人恼恨地被挡在路上的其他人弄得垂头丧气。在 19 世纪的巴黎，阶层的划分必将在这场令人挫败的冲撞中，在这人与人、个体与群体的隔离中，扮演一个重要的角色。只有贵族和相对富裕的人才能享受乘坐四轮马车旅行的奢侈——那些从绘有高贵盾徽的马车嵌板的上方落在人群之上的冷漠目光。在福楼拜式的厌世与都市失范的社会事实之间存在着某种合宜之处，这表现在从马车中瞥见的那些流露着骄傲、嫉妒、不屑和奉承的面孔之上。在这一场景中偶然现出身来的浪荡子不再是一个观察工具，而是一个具有讽刺意味的关注对象，事实上，拥挤的街道上的喧嚣状态阻止了他去从事作为浪荡子的职业，却迫使他跳回身去，以避免被踩踏。

描述这一切的方式与所描述的事物一样重要。赛马之后的一次交通堵塞中的相当细小的叙事事件以未完成过去式传达为一种不确定时段的持续经验。该场景描述与具体细节的分类具有表面上的相似性，这正是现实主义小说标志性的手法之一，但它这实际上在朝着相反的方向发生作用。现实主义的分类是一种由描述性权威构成的文学保障，这一策略，全方位地看，是制造了一种综合的错觉。在我们正在讨论的段落中，执行观看任务的人是谁并不完全清楚。也许是小说的主人公，这是本小说中十分普遍的情况，但在此处，并没有清晰的指示，说明这是弗雷德里克的视角，也许我们会推测，小说人物的视角已在不知不觉间过渡到了叙述者视角。不管怎样，叙述者报告所涉及的事物不是稳定、清晰的概观，而是一系列的瞥见——从饰有盾徽的马车嵌板上方投下的目光，小型四轮马车深处的眼睛，不屑一顾的微笑和大张着的嘴巴。你可以通过提喻法来刻画它，但应当注意到，这些空洞的形象有些微的迷糊之处。在段落结束部分，当我们凝视的目光转向马屁股、鞍具和闪闪发光的门把手时，不知何故，它似乎与一个视觉的时刻更具一体性。不同之处也许恰恰是，这是个由稍纵即逝的视觉和谐性构成的偶然时刻，此时，来自夕阳的余晖穿透了濛濛水汽，将一系列互不相干的事物凑在了一起。然而，即使在这里，观察者的眼睛也是在千变万化的运动中观看着各个不同的部位，将香榭丽舍大街与“由马鬃、衣物和人头组成的波动的河流”联系起来。

福楼拜再现都市王国时的突破点是将现代大都会既视为一个由强有力的、令人兴奋的、多种多样的刺激构成的场所，又看作一个社会的和空间的现实存在，这个现实存在是如此广泛而又初具动态，所以它会抵制分类学和主题性定义。根据他的理解，市井人群是孤独个体的不安稳的栖息地——就此而言，它本身会令人联想到，它与陀斯妥耶夫斯基笔下的彼得堡有着某些相似之处——这些个体往往将他人视为形迹可疑、不屑一顾者，或是完全令人毛骨悚然的人。在这样的场景中，浪荡子那悠闲乱逛的超然事外便不再可能。《情感教育》的主人公是个存在主义的随波逐流者，对于他而言，张力来自幻想的载体，而非通过实际经验获得。这种倾向几乎算不上是现代城市的产物，而只是得到了它的培养。这位新的市民的心中，体会到的感官层面的碎片和参差的回忆想象中的结局变成了一个大旋涡，在其中，各种分裂的体验令人眼花缭乱地组合在一起。福楼拜的小说标志着一个过渡时刻，在其间，现实主义小说的风格的统一、句法的一致和时间上的持续性都得以保留，而现实主义描述的确切性则遭到了抵制。城市开始显示其变幻不定的面庞，而 19 世纪中叶的巴黎的这一版本期待着别雷（Bely）的《彼得堡》（*Petersburg*）中令人有威胁感的假面舞会，期待着乔伊斯（Joyce）的《尤里西斯》（*Ulysses*）中都柏林的夜市景象，甚至期待着卡夫卡《审判》（*The Trial*）中的布拉格的幽灵般的变形。但为了更清晰地认识这种联系，我们就必须更近距离地探讨城市体验中的困惑、幻影和碎片的作用。

第二章　福楼拜

——都市诗学

《情感教育》中毫不妥协的现代主义的核心表达之一是，它是部小说，在小说中，什么都不会真正地发生。传统情节的短路显然首先在于弗雷德里克这个人物的结局。他是个可以将注意力始终只放在自己的白日梦上的人，与爱玛·包法利不同，他永远不会走得那么远，允许自己认真地去努力实现那些梦想，从而使自己进入灾难性的历程。他在自己所爱的女人周围兜着圈子，但永远也不会拥有她；他在与自己毫不在意的女人的私通中迷失方向；他靠一小笔遗产度日，从不干任何工作；在那著名的结尾部分，即他重回原点时，他和自己的发小德斯劳列尔斯（Deslauriers）一致认为，他们生命中的最美好时光是当他们还是缺乏经验的青少年、从当地妓院徒劳无功地返回时，因为那留给了他们未受肮脏现实污染的华美的性爱幻想。

所有这一切似乎都在争辩说，《情感教育》中情节的颠覆是一个特例，主要是由关键角色的功能性障碍所决定的。然而，我倾向于认为，弗雷德里克陷入一再的重复之中而毫无进展，他裂隙纵横的生活体验，被分割成漫无目的的片段，这都与都市世界的本质高度一致，而通过这个都市世界，他也与体现在首都的政治动荡的本质共进退，至少像福楼拜所耳闻目睹的那样。传统叙事——史诗、圣经叙事、爱情故事以及小说的早期阶段——在目的明确的持续性这一有组织的前提下发挥作用。叙述者本人是这种持续性的保险商，时常在一开始便实际上宣布了一个有组织的主题，配置人物和事件，使之通过一个多多少少都经过安排的时间介质走向最终的目的，此目的是悲剧或喜剧情节的解决方案。巴尔扎克笔下的不得要领的叙述者，在他们把故事向前推进之时，一如既往地为我们提供着大量有关人物、社会和人类本质的据称是有指导意义的信息，他们正是这种持续性假设的权威证明。一个事件与下一个事件紧密相关，正如每个社会领域都与所有其他的社会领域紧密相关，而无所不知、智慧超群的叙述者提供了一套详尽的超级链接，使小说中的材料成为一个总体系统的组织部分。所有这一切正是如罗兰·巴特（Roland Barthes）这样的法国批评家在他们用自己愿意称之为“经典小说”的东西来鉴定巴尔扎克时所铭记于心的。

创作《包法利夫人》时的福楼拜尚且保存了一些对这种持续性前提的忠诚感。虽说情节发展的轨迹是个螺旋式的下降轨迹，但其情节毕竟会把我们带向某处，从外省的婚姻生活带来的灰心丧气，到两次不贞的婚外情推波助澜下的失意绝望，再到那残酷的道德化的悲剧结局。在他的巴黎人小说中，福楼拜则完全摒弃了所有诸如此类的发展，正如他大范围地排除掉与人物视角截然不同的权威性叙事视角的痕迹那样。我们在此处所获得的巴黎是弗雷德里克耳闻目睹中的巴黎，是经过他刻苦钻研过滤后的巴黎。他对于这座城市的感知，正如我们已经看到的那样，有时是被其浪漫迷情强烈渲染过的。然而，这些感知通常不是其心理特征的反映，恰恰相反，它们表现为主人公对借助于都市背景照射在他身上的刺激的准确的、也许甚至是不可避免的感官反应。《情感教育》中对巴黎的再现与本雅明在其有关波德莱尔的文章中的一个令人难忘的段落中所描述的新“休克审美”（aesthetic of shock）是极为一致的。本雅明将波德莱尔的诗歌、爱伦·坡的小说、詹姆斯·恩索尔（James Ensor）的绘画和瓦雷里（Valéry）有关市井人群野蛮孤独状态的惊人言论拉扯在一起，然后将这一切与诸如火柴、电话、摄影以及最终的电影等技术的发展联系起来。被其自身的技术工具所强化的新都市现实，将互不相关的时刻孤立起来，使它在感觉中枢上一闪而过，然后又迅速向下一个时刻进发。交通堵塞（我们在福楼拜的小说中已观察到了它的一个特殊例子）是本雅明举出的有关不断震荡中的都市经验的本质的例子之一：“在这种交通堵塞中穿行，使个体与一系列的震惊与冲突有了交涉。在危险重重的十字路口，神经脉冲如同来自电池的能量般在他的全身涌动。”①

应当说，本雅明吸收了 20 世纪初的社会学家格奥尔格·齐美尔

---

① Walter Benjamin,《启迪》(*Illuminations*), Harry Zohn 译, New York: Schocken, 1968, p. 177.

(Georg Simmel) 在一篇名为"大都会与道德生活"(The Metropolis and Mental Life) 的著名文章中的观点。齐美尔提出，新市民心理的预测可根据"神经刺激的强化(这句话他以加点字进行了强调)，而神经刺激来自刺激物内外那迅速而从不间断的变化"。他进而认为，与以"显示出规律性、习惯性的对照物"的持续印象为乐的头脑相反，大都会居住者中的更多意识是被"由变化中的形象构成的迅速多变的人群、从简单一瞥中得到的理解的突然中断以及汹涌而出的印象之出其不意性"所"耗尽"的。[①]我们要继续观察，在正是这样一种"由变化中的形象构成的迅速多变的人群"的经验的文学叙事中，福楼拜在设计传达的技术手段方面是多么富于创造性。

正是在这种联系中，值得注意的是鲜明地定义了福楼拜的都市场景的那种光亮。(由于他对于绘画性再现的鲜明意识，光源的位置和性质通常会成为他对一个特定场景的艺术领悟的关键所在。) 有时，光线是摇曳不定的；而通常具有启发性的是，它是频闪式的，即它会在闪烁一阵子后熄灭，就像本雅明提及的火柴那样。这种见于街道的转瞬即逝的光亮与那些在理想化的室内场景中笼罩在阿尔努太太完美无瑕的面庞上的轻柔、稳定的灯光恰好形成了对立。在小说的开头部分，弗雷德里克在一间音乐大厅中遇到了华娜丝小姐 (Mlle Vatnaz)，他后来即是在这个暗娼 (demimondaine) 的公司里与萝莎奈特熟稔起来的。她粗糙的双唇涂着浓重的红脂，看着简直就像是被血浸过的，"可她有双勾魂的眼睛：黄褐色的瞳仁中闪烁着点点金光，充满了活力、爱意和肉欲。它们像油灯一样点亮了她瘦削面庞上的略略发黄的皮肤"(第124页)。在这段对带着点点金光、像油灯一样点亮了一张灰黄面庞的黄褐色眼睛的超焦距描写中，有着某种奇怪的、令人不安而又为之动容的东西。片刻之后，弗雷德里克走出房门，来到街上，真真切切地

① Georg Simmel, "The Metropolis and Mental Life," in *The Sociology of Georg Simmel*, tr. and ed. Kurf Wolf (New York: Free Press, 1950), p. 410.

看到了“焰火，（那）一时间点亮了整个花园的绿宝石般的颜色”（第126页）。片刻的光亮要么会产生稍纵即逝的壮观效果，要么，正如我们有机会在前文看到的那样，会造成幽灵般令人毛骨悚然的效果。弗雷德里克离开焰火表演，在深夜的街道上四处闲逛：“每当有行人靠近时，他都竭力想看清他的面相。时不时地，一束光线从双腿间射过，在人行道的平面上描画出一个大大的四分之一圆弧。随后，在阴影中，一个男人隐隐地逼近了，手里拿着煤斗和灯笼。”（第129页）在这闪烁的灯光下的夜间相遇，巴黎人的街道开始显得像个隐蔽的矿井。仅仅再往下翻上几页，我们就会发现，那断断续续的城市之光也体现了弗雷德里克纯粹内在思想的全貌（在此例子中，指他对一项卓越出众的合法职业的幻想）：“这些形象像焰火一样在他生活的地平线上一掠而过（fulguraient）。”（第139页）

《情感教育》提供了两个内容详尽、精心构造的片段，在其中，关于城市的充分的经验意义，作为一个分裂冲击的舞台，以一种华丽的典范的方式得以呈现。第一片段也许会被人视为性爱或放荡行为的竞技场，即弗雷德里克遇见了他未来的情妇萝莎奈特的假面舞会。第二个片段端端正正地位于政治的竞技场中，即一系列反映了1848年革命的街头景象。我将从后者开始说起，因为福楼拜对于有意义的政治行为的可能性的坚定不移的怀疑论与他对于都市现实和历史之交汇点的概观以及他对于新的都市王国中人类能动性之丧失的概观是一致的。

巴黎风格的革命是由城市造就的。为不忠不义的大众聚集揭竿而起反对既有秩序提供了庇护所的正是大都会。城市街道，正可以用于设置路障并建立起临时堡垒来对抗攻击政府军队的分遣队。（1848年后，奥斯曼致力于建造由他设计的宽阔的林荫大道，以使未来的路障更难以搭建。）福楼拜利用自己的超然事外，奇思妙想地抢先将小说主角树为一根观察标杆，从这里，我们可看到被革命破坏的街道，将政治行动消解为不连贯的暴力。弗雷德里克是个彻头彻尾的自我主义者，对他而言，革命事业不可能拥有真正的意义。接下来，福楼拜对与革命有关的全景式的人物类型一一加以审视，在这样做的过程中，他传达出这样一种感觉：他的主角终究不是一个特例，因为在这位作者雷打不动的犬儒主义的观念中，没有人——不管他如何将自己乔装为对立的一方——会战胜自身的自私念头，因此，革命行动到头来只不过是一系列什么根基性的东西也改变不了的动乱，一场由暴力冲动带来的冲突，而这冲突仅仅是种极端的事例，代表着构成城市现实的冲突性刺激物间的刺耳争吵。城市在感知上的难以驾驭性，它对于概括性描述的抵制，在动荡的政治王国中得到了映射和夸大，在这个政治王国中，追寻中的巨幅画面分裂为支离破碎的形象，它抑制了一种潜在的意义感。

福楼拜机智地发现，为了达到其目的，他应当使弗雷德里克的情人职业的最高潮的转折点与革命的爆发同步发生。阿尔努太太曾即将献身于弗雷德里克，但当她未能出现在那不祥的约会时刻时（因为她孩子的重病，弗雷德里克对此毫不知情），他接受了一直尚未与之发生性关系的萝莎奈特，并且出于报复的冲动，他护送她穿过暴乱的街道，走入他为阿尔努太太准备的爱巢。

> 走过迪福路，他们来到林荫大道上。日本灯笼悬挂在屋檐下，形成光影的花环。一群大惑不解的人在下面搅腾着；在这暗影正中，在某些地方，闪烁着刺刀的光亮。一阵大声的喧哗响了起来。人群太密集了，不可能转身回去，于是他们进入了科马丹路，就在此时，一个声音突然在他们身后炸响，如同是一块巨幅丝绸被撕裂时发出的破裂声。那是从卡皮西纳大道传来的来复枪的排射声。
>
> “哈！他们正在对中产阶级动粗。”弗雷德里克平静地说，在这样的情形里，最不残忍的男人是那么超脱于他人之外，以致他可以毫不惊讶地看着人类的灭亡。（第 353 页）

正如福楼拜小说其他地方一样，这种句法坚实可靠、清晰易懂，意象的选择精准得充满美感，但处于革命剧痛中的巴黎的总体场景却是一系列参差不一的刺激物，对观察者们快速的视听的冲击令人无法获得一种整体的连贯的感觉。福楼拜遵循他惯有的做法，通过提及一处光源来开启一个场景——日本灯笼，它们显然正在风中摇摆，当它们在小说主角的视网膜上闪烁时，便形成了光影的花环。在几乎无法被摇摆的灯笼照亮的阴影里，弗雷德里克既看不到来复枪，也看不到士兵，只能间或看见刺刀的光亮（按照字面意思说，是“白色”，blancheurs）。随后，他听到了混杂的声音，从中可以分辨出最突如其来的声音，先是通过它纯粹的震惊效果，然后是通过裂帛般的声音这一令人惊讶的明喻，丝绸在此不仅是个唯美化的意象——在刀光剑影的暴力冲突中，丝绸的出现无疑是令人瞠目的——而且也是一种工具，用以超越体现弗雷德里克听见的来复枪的排射这一真实声音的陈词滥调。（在 1848 年革命的这一时刻，福楼拜本人其实正坐在一张咖啡馆的桌子旁，距实施那臭名昭著的大屠杀的来复枪排射处几乎还不到一百码。他开始还以为那是放焰火的声音。）叙述者对弗雷德里克那麻木不仁的评说发表评论在《情感教育》中是极少出现的，在其中，他将视角从小说人物那里撤回来，变为我们在巴尔扎克小说中观察到的那种对人类本质进行格言式概括的典型的法国模式。我猜想，福楼拜感到弗雷德里克若无其事的反应与那一场景的致命暴力间的反差是如此极致，以致需要一种非典型的解说的介入。但是，无动于衷的硬心肠的概括也为革命本身提供了一种循环视角，因为读者会在作者的引导下思索，假如这就是要点所在，那么所有那些在大街上彼此残杀的人的动机和实际结局大概会是什么。无论如何，这种由权威性叙述话语构成的非同寻常的姿态通过形式的对比凸显了此前段落的语言（它事实上是整部小说的语言）的差异。这两者在句法上具有一致性，但叙述者的介入是通过无时间性的一般现在时的保证声明来表达的，而弗雷德里克对于街头暴力的感受则是以进行中的体验的未完成时形式来表现的，这种体验被表述为一系列迅疾的支离破碎的形象和声音。

在这部由短暂形象（它们不过是一个无法把握的整体的碎片）的有限感受构成的小说中，这种不断重复的过程指向了一个终极设想：城市是种幻景（phantasmagoria）。我们应当注意到，幻景这一概念要追溯到19世纪初的一项机械发明的引入：主要借助于幻灯创造出的视觉幻象的展示。幻景的实际的剧场装置为后来的小说性实践提供了强大的模拟对象。幻景是再现城市的导游书籍的精确对照物，在导游书籍中，样样事物都可以在地图上标示出来，按照一种社会的、建筑的和地形学的体系加以排序。在幻景的消解中，样样事物都被看作持续的、莫辨方向的流体，感受与幻想、清醒与迷梦间的分界线模糊不清。要测量福楼拜距巴尔扎克的距离，我们就要铭记幻景与幻想间的差别。也就是说，在巴尔扎克的小说中，即使是在人们拒绝认为他的尝试包含在如《驴皮记》（*La peau de chagrin*）和《刘易丝·兰勃特》（*Lousi Lambert*）之类的实际属于超自然的小说中，除了表达与现实主义冲动有关的都市环境的极其详细的真实清单外，还有显著的幻想元素。一些批评家已经论及，在巴尔扎克的小说中，现代大都会被呈现为《一千零一夜》的翻版。巴尔扎克渴望在巴黎看清人类向善和向恶能量的终极所在，作为这一渴望的一部分，作为他竭力创造的巴黎神话的一部分，他在自己的书中安置了超级英雄、秘密社团（“十三人故事，the Thirteen”）和行使性爱和权力的神秘仪式的秘密场景。所有这一切无疑对阅读巴尔扎克所带来的单纯乐趣有所帮助，但这一切表明的是由幻化的形象、人物和事件构成的情节的发生，而不是多层面的城市现实冲击个体感受、开启其精神中的地下潜流的方法的再现。我称为幻景的正是这后一步骤，它既是个快速感知的过程，又是种自由联想。

当然，你必须承认，分裂和迷失本身并不会提供对于现代都市体验的综合描绘。19世纪的城市不可能一直仅仅是杂乱无章的幻觉碎片。事实上，在这个时代的野心勃勃的城市规划中，存在一种重要的反方向，其中，奥斯曼那横扫一切、冷酷无情的巴黎复兴计划就是典型例证。这种想要建立起由宽阔的林荫大道构成的几何形对称网络、拟定直线型网格的冲动，体现了将理性的秩序和一致的效率强加于都市生活之上的渴望。然而，这种理性化城市的成功必然是有限的，而且人们想知道，这是否能让都市人按照规划者们所渴望的那种轻松自在的井然秩序来感知空间和物体。在某种程度上其设计是便于交通流通的宽阔马路带来了更多的交通拥堵、更多的异类刺激（一种在今日城市仍旧可观察得到的后果）。在得到理性规划的城市区域周围，存在着人口密度持续增长、不和谐、争吵不休的生活地带——正如在彼得堡这一18世纪的规划城市中一样，在那里，由特雷齐尼（Trezzini）设计的宏伟的马路景观（prospekty），迅速被陀斯妥耶夫斯基在《罪与罚》中所揭示的那种破败不堪、热闹喧哗的贫民窟所包围。虽然城市规划者们对秩序有着狂热的爱好，这些新城市还是保留了异质混杂的动荡区域，它们威胁到了将城市景观变为幻景屏幕的转变。

我已经提到过，福楼拜被后来的小说家所效仿的极具幻觉效应的场景是假面舞会。他显然认为假面舞会在他的小说设计中相当重要，因为他对其细节费尽心思，差不多用了15页的篇幅去表现描写这一场景。假面舞会无疑意味着弗雷德里克迈入巴黎那色欲横流的风月场的进门阶，从此可深入了解化妆舞会或嘉年华会的经历与性冒险之间的关系，从传统的既定身份中逃离出来，将道德的和社会的种种约束置之脑后。不过，假面舞会也是都市存在的具有鲜明特色的极端而典型的例证：匿名的个体，被伪装起来的真实本性，在喧闹人群中的彼此相遇，以及在一个由极具挑逗性而又不和谐的刺激构成的密集涡流中的被锐化了的欲望和日益烦躁不安的神经。（本雅明提及的恩索尔的绘画与此现象有直接的关联，而近期的一个电影方面的事例，是史丹利·库布里克［Stanley Kubrick］根据亚瑟·施尼茨勒［Arthur Schnitzler］的中篇小说改编的电影《大开眼“戒”》［*Eyes Wide Shut*］。）下面是当萝莎奈特为其打开进入舞会之门时的弗雷德里克：

> 弗雷德里克先是被璀璨的灯光弄得眼花缭乱：他能够分辨出的只有丝绸、天鹅绒、裸露的香肩、大块大块的斑斓色彩，这色彩与掩映在绿色植物之后、夹于悬垂着黄色锦缎、到处都是彩色肖像画的墙壁之间的交响乐队的乐声形成了一种平衡，此外他还能看清的就是路易十六风格的水晶枝状大烛台。巨型挂灯的磨砂玻璃灯球瞧着像雪球儿似的，它们居高临下地照射着摆放在角落里的架台上的花篮——对面，在第二个较小的房间后面，在第三个房间里，你可以隐隐约约地瞧见里面的床，它带有麻花形床柱，床头上有面威尼斯挂镜。（第169～170页）

因为这部现实主义小说不吝笔墨地描写小说主人公与新的社会和道德经验的相遇以及它是如何重塑主人公的，所以具有决定性的小说场景之一——小说的一种核心的传统主题——是主人公迈进陌生空间的入口。弗雷德里克迈入舞会的这一时刻与巴尔扎克笔下的许多场景都有着某种相似性，特别是在其不厌其烦地列举周围环境的细节方面，正是这种环境赋予了主人公进入的空间以与众不同的社交“居所”的特点——此处乃交际花的超豪华居所，以及由此可以联想到的轻佻的卖弄、奢华的粗鄙和淫荡的放纵。但是，巴尔扎克的惯用手法是通过叙述者的视角来提供此类场景，即使是在他采用小说人物之视角的罕有时刻（如当《幻灭》［*Lost Illusions*］中的吕西安·德·吕邦波莱［Lucien de Rubempré］走进巴热东夫人［Mme de Bargeton］的别墅时），他也会保持一定程度的有条理的解说顺序，而这正是福楼拜有意抵制的。有关弗雷德里克对舞会最初的浮光掠影的印象以及舞会发生地的描写，读上去就如同是在描述一架手持式摄影机拍摄的电影场景。（随着研究的继续，我们会不断留意到其他小说中的电影式场景。从历史上看，在这两种叙事媒介间显然一直存在着一种丰富的相互作用：

19世纪小说中的特定手法为早期的电影人指明了方向，然而在适当的时候，电影又改变了小说家，使他们对视觉描写作进一步的精炼。）正如福楼拜的读者预期会看到的那样，第一个符号与光线有关，只不过它是从小说人物的视角看到的，因为有那么多的明亮光线，所以，他不是一一清晰地分辨它们，而是被它们弄得“眼花缭乱”。（两个相辅相成的动词在《情感教育》中起着主要的作用，一个是 éclater，即“熠熠生辉”，或是在指声音时的“炸响或爆炸”，一个是 éblouir，即“眼花缭乱”。）在这种被瞬间的光亮所削弱的视觉状态中，弗雷德里克起初能够分辨的只有一些空洞的印象——丝绸，天鹅绒，裸露的香肩——最后是磨砂玻璃制成的灯球这一别具特色的形象。该段落的最后一个从句是人物视觉——以及具有暗示性的心理感受——展示方面的小小杰作。站在正厅的门口，你可以分辨出（个人化的持续状态当然是属于弗雷德里克的）第二个相对较小的房间，而因为所有的房门都是呈直线性洞开着的，所以你还能看到那后面的闺房，以及它里面的那张被威尼斯挂镜所映照的豪华床。你也许会说，渗透陌生空间这一小说传统主题向来都具有第二层的涵义，因为在舞厅的社交空间之后，弗雷德里克还瞥见了那陈设雅致的闺房的充满色情的空间，一个他直到小说相当靠后的部分才真正进入了的世俗的私室。目前，他对萝莎奈特闺房的惊鸿一瞥只是会对那种肉欲充盈的兴奋状态起到推波助澜的作用，正是在这种状态中，他将体验到舞会上的一切。

但所有这一切尚算不上幻景，而是为幻景搭建了舞台。当一支舞曲响起时，“所有原本坐在环绕房间的长凳上的女人都玲珑活泼地站成一排，然后她们的裙裾、披肩和发饰都开始转动起来了”。小说中持续不断的提喻性视角所造成的令人不安的效果在此处一目了然：在人头攒动的舞厅中，弗雷德里克最初看到的不是女人，而是随着音乐旋转的裙裾、披肩和发饰。

> 她们离他越来越近，以致弗雷德里克可以将她们额头上的汗

珠瞧得一清二楚——而且这种越来越生气灵动、越来越整齐划一、越来越令人眼花缭乱的旋转运动让他的大脑变得如痴如醉，使得其他形象也在他脑海中纷至沓来，而她们都会以同样令人目眩的风姿翩然掠过，每一个都因着其自成一格的妙样儿激起了他别具风味的臆想。那个波兰姑娘是那么娇慵无比，惹得他直想将她搂在怀中，就仿佛他俩正乘着雪橇滑过白雪皑皑的平原。那个瑞士姑娘在跳华尔兹时身板挺直、眼睑低垂，在她的舞步之下，宛若种种蛰伏的肉体的愉悦感正在湖畔的小木屋中一一展开。随后，那位酒神的女祭司向后甩动起她深色的头发，让他联想到在夹竹桃的密林之中、在暴风骤雨之间、在令人失魂落魄的鼓声当中肆意的寻欢作乐。那个渔妇被过快的节拍弄得娇喘吁吁，迸发出阵阵欢笑，他倒是想与她在佩尔什龙饭店开怀畅饮，用双手弄乱她项间的围巾，就像在往日的好时光中一样。那个娼妓舞姿轻盈，几乎可说是脚不点地，似乎将现代爱情的全部精髓都隐藏在她柔韧的腰肢和严肃的表情之中，因为现代爱情兼具了科学的严谨精准和鸟儿的捉摸不定。萝莎奈特正在旋转，一只粉拳置于髋部，齐耳的短假发在衣领之上颠伏不已，使鸢尾花粉在她身体周围四散开来，每转一圈，她的金色马刺的边缘都使她差点儿就钩住了弗雷德里克。（第 175～176 页）

此处有种双重的模糊效果——其一来自舞蹈的旋转速度，这舞蹈是它发生于其间的狂热的都市世界的极致徽标；其一来自弗雷德里克的色欲想象导致的痉挛，点燃该想象的，这有大都会是个巨大的性欲商业中心的感觉。穿着化妆舞衣的年轻女子以“令人目眩的风姿”（éblouissement）在弗雷德里克身边旋转，使他暗藏心底的情色之欲蠢蠢欲动。他实际上看到的那些迅速地穿梭往来的支离破碎的形象随即与一系列幻觉想象融为一体，这些幻觉想象将不同的女子置于不同的得到满足的欲望的景象之中。这一思想的幻灯片与爱玛·包法利一再重复的向着喜悦爱情的地平线的臆想飞行确有关联，但它还反映了拥挤的都市环境的本质，通过这一环境，弗雷德里克走进的不是一个持续的情色幻梦，而是一个迅速转换的连续的风景片段，而这些风景，正如舞者们的运动，是 vertigineux，即“令人目眩的”。即使是那句听上去似乎像是巴尔扎克说出的句子：“现代爱情兼具了科学的严谨精准和鸟儿的捉摸不定”，终究也不是个权威性的断言，而是从弗雷德里克的视角出发，在其精力过剩的能量状态下的收获，表达了对于现代爱情的幻想，这种爱情是由巴黎娼妓们来予以实践的，而他将永远无法使之变为现实。

福楼拜使用的语言涉及一种叙事性描述，虽然这样说有些勉强，但很显然，外部事件的叙述与内心事件的再现自始至终是相互缠绕的，而其持续感一如在梦中一样模糊不清：当弗雷德里克的头脑因周围的一切都在转个不停而变得一片空白时，各种形象适时地接连出现（以未完成时的形式）。把他从他的幻景的朦胧中拖拽出来的一个现实世界的因素是，萝莎奈特穿的一对金色马刺，每当她从弗雷德里克身边经过时，它们都屡屡产生钩到他的裤子的危险，但这种情况从未发生。勾住的行动当然将会在小说的后文中圆满完成。在此刻，那对金色马刺是个富于刺激性的铺垫，这铺垫是福楼拜这位自我意识强烈的艺术家给予自己的权力，但马刺也是服装元素，是假面世界的富于挑衅性部分的构成元素，而这假面世界既是欲望游戏的竞技场，又是无名无姓的都市大众的竞技场。沉浸在这种环境里会产生一种令人浮想联翩的放纵，一种都市人的惯常状态。在本章的结束部分，当弗雷德里克于破晓之后上床睡觉时，他脑海里对于那一舞会之夜的重温，准确地反应了这种情绪的残留，它把魔术化碎片这一进程推向了极致，正表达了我们一直关注的内容：

> 又一种饥渴摄住了他，那是对女人、对奢华、对作为巴黎人存在的一切构成元素的饥渴。他觉得有点儿晕晕乎乎的，就像个

> 刚从船上下来的人；在初睡时的梦幻中，在他眼前不断地穿梭往来的是那渔妇的双肩、妓女的腰肢、波兰姑娘的头巾、野蛮女人的头发。然后，未曾在舞会上见到过的两只乌黑的大眼睛出现了，它们像蝴蝶般灵动，如火炬般炽烈，它们翩然而来，又飘乎而去，不断颤动着，时而升至屋檐，时而又落在他的唇上。弗雷德里克竭力想回忆起那双眼睛，可怎么也想不起来。但那个梦已经控制了他：他隐隐地感到，他似乎在阿尔努家被套在了一辆小型四轮马车的车辕上，而那个骑在他身上的元帅正在用她金色的马刺对他进行解剖。（第 183～184 页）

将女人、奢侈和“作为巴黎人存在的一切构成元素”连接起来的最初链条是一个小小的暗示：假面舞会一直被设想为大都会生活的一个典型例证，包括它所带来的一切兴奋、诱惑和感官刺激。弗雷德里克头脑的状态与走下船的海上航行者的眩晕间的对比，反映了福楼拜与某些现代派共有的兴趣点，这些现代派在表现介于清醒与梦想、明晰与幻觉之间的意识的过渡状态时，将跟随他的步伐。人们常常会发现，19 世纪后期的许多欧洲小说家喜欢通过小说主要人物的视角进行叙事的倾向直接导致了通过内心独白来呈现意识的做法，而这种内心独白是现代派小说中的一个主流性标志。如果我们能够注意到，始于福楼拜而在如别雷、乔伊斯、普鲁斯特、卡夫卡和福克纳之类的作家那里被发扬光大的小说字句不仅表明了对于意识本身的兴趣，也表明了对于意识的临界状态的兴趣，那么这种共同的格局就能被设计得更加精确。这意味着，精神生活不仅被温和地假设为一种表现对象——譬如《幻灭》中的印刷工厂——而且被当作一种在本质上充满野心却又可能十分不稳定的现象。意识是否会被视为我们正在思索的认知？它是否仅仅是我们无法深入了解也无法加以控制的幽暗的内心深处的浮于表面的表达？它的活力是否会需要一种解析因素一致的假设？自我的延续性或完整性是否会被掷于怀疑之中？此类问题显然指向了类似于弗洛伊德意识模型的东西，旨在深入了解一种潜在的意识，但正如弗雷德里克的例子所证明的那样，它们同样反映了一种外在的、显著的都市现实的形式多样的本质，该现实将超负荷的刺激强加在心灵体验的过程中。

在现代派小说中，不同意识状态间的界线常常被有意模糊甚至完全抹去。于19世纪现实主义传统中进行创新性活动的福楼拜，在向自己的读者提供清晰的方向指令时，显得小心翼翼：弗雷德里克是个“小冒失鬼”（étourdi），那一系列的心理形象属于“初睡时的梦幻”。不过，在出现于弗雷德里克梦境中的形象特征与他用清醒的眼睛在舞会上的所见之间存在着引人注目的持续性。在两种场景中，视觉都被碎化为毫无关联的碎片感。在梦中，这个过程被假想为某种暴力场景，让女性的身体部位在脑海中漂浮穿梭，这样一来，你就很难确定，是该将其称为色情之梦还是色情噩梦。那双空洞的黑眼睛先是飘至天花板，然后又落在了弗雷德里克的嘴唇上，它们当然都是阿尔努太太的眼睛，尽管在梦中，他自己无力识别。此处，这双眼睛于舞会上那些声名狼藉的女人的裸肩、腰肢和头巾之后出现，将阿尔努太太从类似于圣母像的喜爱家庭生活的画框中移了出来，并将她放入到属于一个更广大的情色地带的游戏之中。那个蝴蝶形象是否让人联想到了她的捉摸不定？那在他嘴唇周围的飞舞是否表明了他未被承认的将她的目光当作一种性挑逗的感觉？无论怎样，当弗雷德里克滑入更深层的梦境时（“但那个梦已经控制了他”），他的焦点从阿尔努太太转向了与她形成对照的女人——萝莎奈特，此处她被赋予了元帅的身份，即她在舞会上乔装的人物。梦境以及本章中的这一具体形象是真正具有噩梦性质的，除非你宁愿将它认作受虐狂的欲望满足之梦：萝莎奈特（在她目前的情人阿尔努的家中）骑在弗雷德里克身上，用那对太令人难忘的金色马刺对他进行解剖。热衷于忠实再现思想的激烈冲突的福楼拜在此处将19世纪小说的规范性推向了极限。现代爱情的真实本质也许并非如弗雷德里克清醒时所想象的那样，兼具科学的严谨精准和鸟儿般的捉摸不定，而是自我的沉溺、克制和令人痛苦的毁灭。在小说中，骑在弗雷德里克身上的装了马刺的萝莎奈特的骇人形象也许预示了他们关系中一股施虐受虐狂的潜流。尽管没有情况表明，她像在梦中那样对他明白无误地扮演了女性施虐者的角色，而且他与她的私通似乎是对性欲和社交需求的合情合理的解决之道，事实上也是在他的浪漫梦想和超越他自身渴望的灾难性阻碍之间的一种抗拒。除了这部特定的小说之外，作为凶残的性骑手的萝莎奈特鲜活地预示了许多现代派作家处于自我交战状态中的意识呈现、在黑暗中堕落的冲动与自我毁灭之间的摇摆。半个世纪后，她将化身为《尤里西斯》中的令人难忘的妓院老鸨贝拉·科恩（Bella Cohen），在描写夜城（Nighttown）的那一幻景片段中，她将变身为一个男子，骑在女性化了的利奥波德·布卢姆（Leopold Bloom）身上，用鞭子抽打他，对他口不择言地大肆进行言语侮辱。

福楼拜的经过仔细推敲、千锤百炼的语言在两个文学时代间架起了一座壮丽恢弘的桥梁。19 世纪小说的重大目标一直是给读者带来有关当代生活的消息（正如这一文体的英语名称所暗示的那样）。这一目标的典型体现是巴尔扎克的《人间喜剧》（*Human Comedy*），它具有张扬的志向，即全面描绘法国社会。左拉具有同样的冲动，而在英吉利海峡的另一边，萨克雷（Thackeray）、乔治·艾略特（George Eliot）和特罗洛普（Trollope）以一种不同的风格呈现了相同的抱负，特罗洛普的一部作品所选择的标题——《我们现在的生活方式》（*The Way We Live Now*）准确地反映了那一时代的许多小说家已付诸行动的描述当代生活的雄心壮志。（狄更斯是一个错综复杂的特殊例子，其自身成就决定了值得我们专门研究。）传播信息就必须要求风格上清晰明了：叙述者以各种方式承担起引领读者按照拟定路线走出当代社会的迷宫的任务。福楼拜并不抵制这种普遍的风格一致的规范，即使是在他这部最激进的小说中亦是如此，但他对向读者传递社会信息的雄心置之不理，这既是因为，在他看来，鉴于历史和新都市现实的本质，这并非一个可以实现的目标，也是因为，他并不觉得这么做有什么特别意义。不管怎样，其散体作品一以贯之的句法的清晰性和可延展的粘合性既要归功于他想使语言变成精美艺术品的渴望，也要归功于他与读者进行交流的所有默认契约。他在一封信中郑重地宣称，他在致力于创建散文体创作的新秩序，它将代替诗歌的崇高的文学功用。他萦绕于心的一件事是散体写作中富于表达性的节律的完美，它要与形象的塑造和谐协调，而这种特征在《情感教育》的风格中随处可见。但我也怀疑，福楼拜与他在20世纪的伟大崇拜者纳博科夫（Nabokov）一样，认为诗歌是展现精确性的承载工具——也许甚至比科学还要精准。因此，他把语法清晰的紧密单元与引人注目的对词汇规范的推动结合在一起。福楼拜可用准确的词汇来描述都市背景中的所有微小的物质现实——建筑装饰和家具的局部细节，时髦服装的各类元素，商店里的物品，四轮马车和马具的种种元件。因为他的叙述在很大程度上始于由主人公连续观察到的此类细节，所以比喻性语言（他可是个中大师）在其中发挥了相对有限的作用。在极少的例外中，偶然出现的隐喻和明喻并不会使它们的对应对象得到美学性的提升，反而是增加了精确中的细微差别，如枪声与裂帛声的对比，或一群暴民的涌现与“一条被春分或秋分时的潮水逆阻的河流”的相似性。

但这种连续不断的系列性物质细节所造就的产物全然不同于巴尔扎克的描述。当叙述者用一种习惯性的小句群向我们传递连续不断地进入弗雷德里克视野的物体时，它们是一种极具动态的飘浮物和流动物，破坏性的现实本能地抵制一种融汇贯通的理解，这时候散文体的节奏常会出现断音。正是出于这一原因，假面舞会的狂欢场景和街头的革命暴行便成了福楼拜想象巴黎的典型事例。假如有人问，为什么福楼拜选择将其巴黎小说中的时间设定为比他的写作时间早20年，一定程度上是因为，这样一来，他便可以使弗雷德里克对于阿尔努太太的爱情与他本人对于她的原型爱丽莎·施莱辛格（Elisa Schlesinger）的爱恋在时间上同步，但更为明显的原因是，他想将自己那位从骨子里超然物外的主人公置身于1848年历史风暴中心中的巴黎，这场风暴充分体现了现代城市在狂暴无序方面的潜力。让我来最后引述一个简短的例子，说明这部散体作品是如何得到塑造以呈现这种现实感的。下面是对于一所位于先贤祠附近的遭到巷战破坏的私人房屋的最后几句描写——一如既往地是通过弗雷德里克的眼睛：

> 仅靠一根钉子支撑着的遮雨篷像破布似地倒挂下来。楼梯已经倾塌，房门大开着，里面空无一物。你可以根据撕成碎片的墙纸来判断房间的内部陈设，那里，曾经有一度，存放着精美的物品。弗雷德里克看到了一只老座钟、一个鹦鹉架、一些印刷品。（第408页）

由接二连三的观察物——雨篷、楼梯、房门、房屋内部——构成的句群赋予小说以整体特性，因此在此处显得尤为突出。甚至在许多与革命暴行毫无关联的场景中，眼中所见大多是事情的细枝末节和琐屑碎片的情况也十分典型。此处唯一的比喻性语言示意几乎算不得比喻，因为“像破布似的倒挂下来”的雨篷事实上已经变成了破布。在对被观察物体的检视过程中，感知意识的实质通过一段叙事性独白简略地传达出来，这独白无疑是弗雷德里克的未说出口的带有讽刺性的沉思：“那里，曾经有一度，存放着精美的物品。”但通过对人物眼中的事物的不加评论的、空洞的连续描述，那一刻的感觉得到了强有力的表达：“一只老座钟，一个鹦鹉架，一些印刷品。”这些物体并不仅仅意味着被罗兰·巴特称为“真实效果”（reality effect）的东西，仅提供某种真实范畴的旨意——在任何情况下，“真实效果”都是个问题多多的概念——当然既富于雄辩地表现了被革命破坏的整个高资产阶级（high-bourgeois）王国，也体现了弗雷德里克对于这种破坏的既尖酸刻薄又无能为力的反应。

纵观整部小说，作为具体体现语言中的实验现实主义的叙事技巧的直接结果，都市世界从未得到自我呈现，而总是需要通过小说主人公的感受能力、先入之见和有限的视觉或听觉角度，再加上从外部物体和事件到纯粹思想性的事件（其中的一些是纯粹的幻想）的轻松自如的交织。城市稳如磐石地成为社会和历史现实的核心事实，但它的这种叙事性方法也许表明，它的别具风格的特性也许只能通过它冲击一种特殊意识并可能强化乃至塑造一种特殊性情的方式才能呈现出来。大城市，伴随着迅速变化的孤独者人群（梅尔维尔［Melville］在《白鲸》［*Moby-Dick*］的开头部分，讲述曼哈顿的岛民生活时，从语源上找到了这一术语的西班牙语形式），是孕育幻想和碎片感的场所。总的来说，这种感知模式对于福楼拜而言充满了威胁，尽管其他许多作家会将其视为一种盛大的场面、一种自在的理解模式，通过它，意识也许会深深地迷恋上都市体验那单纯热闹的庞杂繁复性。意识流是一种特别适合记录对于现代大都会的多种多样、互不连贯的现实反应的叙事技巧，而在福楼拜呈现由弗雷德里克·莫罗所作的断断续续、通常是方向不明的观察时，意识流的种子已经清晰可见。在文学演进中只需再迈出一步，在历史经验中只需一次进一步的转变，即可从这部小说所设定的有些拘谨的先例，迈向在都柏林街头四处游荡的利奥波德·布卢姆（Leopold Bloom），以及望着窗外的稍纵即逝的伦敦全景图的克拉丽莎·达洛维（Clarissa Dalloway）。就对表现现代城市的反应的小说构成的故事起点而言，我们完全可以说，福楼拜在没有过度改写小说文体的普遍传统的情况下，成功地塑造了一种创新性语言，使它能够记录新都市王国中的引人注目、令人不安、本质上具有分裂性的人物。

第三章　狄更斯

——隐喻的现实主义

从福楼拜通过小说主人公的眼光来呈现城市的非凡创新到现代派小说中的内心独白，在追踪这一线索时，人们会遭遇为小说史假设一种进化模式的风险。如此一来，当小说充分意识到自己的职责是令人信服地呈现主体体验时，高调的全知叙事的过度修饰及客观报道外部现实的信心就会荡然无存。然而，在这种线性解说中，只有部分的因而也是误导性的真实。从福楼拜时代直至今天，五花八门的权威叙事模式依旧吸引着许许多多的作家。左拉在1869年曾用热情洋溢的评论恭候《情感教育》的到来，但在他自己两年后出版的宏大的《卢贡—马卡尔家族》系列（Rougon-Macquart series）的第一部《欲的追逐》（*La curée*）中，他对福楼拜的继承远没有对巴尔扎克的继承那么多。左拉摒弃了巴尔扎克式叙事者的那种词藻华丽张扬的权威性，但他在小说中建构的令人过目难忘的巴黎影像却在很大程度上依靠的是对固态的物质现实的精心描绘——不厌其烦地、有时是过度铺张地列举内部装饰、穿衣打扮、香车宝马及房屋立面。他笔下的巴黎是第二帝国时代的巴黎，在那个时代，城市悄然复苏，心怀鬼胎的地产投机极其猖獗，于是他的巴黎被赋予了强有力的主题性定义，不是像在巴尔扎克小说中那样通过叙述者的描述，而是通过突出的、精心安排的详细情节，在这些情节中，促成每一件事的，都是贪婪和色欲这两个孪生动机。通过这种方法产生的关于变化中的大都会的概观可能是精彩纷呈的，这表现在其风景画般的具体描写之中——例如，在小说结尾处，作为奥斯曼雄伟计划的一部分的城市毁灭的全景图——也表现在它的判断性视角所具备的力量中。他所缺乏的是对于新城市现实中的日常经验的主观感受的敏锐把握，而这种敏锐感觉在福楼拜那里得到了成效卓著的表达。无论如何，外部世界的稳固性依旧吸引着左拉之后的小说家们，不仅是在他的那些在传统上又贴上了自然主义者标签的法国、英国和美国追随者之中，甚至传至了一些我们自己的同时代人（汤姆·乌尔夫［Tom Wolfe］，一个自觉的返祖现象，也许是个令人怀疑的例子；约翰·厄普代克（John Updike）的许多作品则是强有力的证明)。在极盛现代主义(High Modernism)的顶峰时代过去了80年之后，越来越清楚的一点是，一些现代派以各种方式认识到，叙事的急剧内化已经证明作为一种文体的小说不是集大成者，而是引人入胜的创新性的伟大时刻，在这之后，小说家们已各行其道，其中有少数人墨守现代派先驱的成规，而相当多的人则对它视而不见。

在19世纪的小说家中，在驱逐小说发展的线性概念方面，没有一位可与狄更斯相提并论。他的天赋和他的写作过程在很多方面都恰恰与福楼拜截然相反。(在现代派中，乔伊斯和卡夫卡发现了不同的方式来汲取来自两者的元素。)福楼拜的写作一丝不苟，缓慢审慎，修改时煞费苦心，实际上创造了所谓的艺术小说，而狄更斯的写作则因连载小说的缘故而迅疾如风，才华横溢地一挥而就。尽管他对当代城市现实有问题的特质感到担忧——这一担忧也体现在另外几位维多利亚时期小说家的作品中——而且其程度日渐加深，但他一直将自己视为一个通俗艺人。(有意思的是，他在《艰难时世》[*Hard Times*]中，将马戏团用作与19世纪工业世界冷酷无情的功利主义相对立的想象王国的类似物。)即使是在他较阴郁的后期小说中，他显然还是受到必须要取悦自己的观众这一意识的驱使——用叙述者那兴致勃勃的饶舌和顽皮幽默、中规中矩的呼语法(这到19世纪60年代无疑有些老套了)，用悬念迭起的安排、出人意料的情节转变、怪诞可笑的漫画式人物、伴随着劝善惩恶的大圆园结局。(在《我们共同的朋友》的结尾，其中一个恶棍真的被扔在一辆独轮小推车中翻来滚去地离开了。)如果说小说发展的一个重要趋势是一种内在化过程，那我们必须说，狄更斯则相当坚定地持守着一种外在的和全知的视点。他坚决不让我们透过小说人物的眼睛去看世界，所以当他在《巴纳比·拉奇》(*Barnaby Rudge*)第19章开头部分不小心用了几行文字这样做的时候，他觉得有责任道歉:“那些历史学家也许决不会把功劳归于自己，与此相比异曲同工的是贞洁而谦逊的麦格斯的……发明创造，她……在其少女的沉思冥想中，确实说出了这个比喻。”

不过，狄更斯敏锐地意识到，他笔下的伦敦正处于剧烈的、也许是不祥的转型的剧痛中，因而他能够越来越多地将自己别具一格的机智想象以始终如一的外在叙事模式加以施展，以传达在这新的城市现实中的生活感受。在同时期的伦敦，这种迅速的扩张过程——主要是通过来自外省的移民，伴随着新技术的引进和城市人口大规模的聚集，我们在巴黎已观察到了这一点——伦敦的规模更加惊人。伦敦 1800 年的人口大约是 100 万人；到 19 世纪中叶，它膨胀至 232 万人，比巴黎的增长速度稍快；到 19 世纪末，它几乎又翻了三番，达到了 648 万人。与位于塞纳河边的巴黎不同，位于更宽广的泰晤士河边的伦敦是个热热闹闹的港口城市，是规模最大的国际贸易中枢，正如《董贝父子》(*Dombey and Son*) 中的情节所提醒我们的那样，在这本书中，主人公之一，年轻的沃尔特 (Walter)，乘船去了远海。伦敦还是个巨大的城市，就实际的地盘而言，几乎是巴黎的十倍，而这种巨大正如我们将要看到的那样，是狄更斯偶尔会以全景的视角加以呈现的特征。假如说这个时代的巴黎人似乎有种被过度丰富的感官刺激所挤撞震动的话，那么对伦敦人而言，这种情况之中更掺杂了一种因城市风光而变得渺小无助、有时还会有受到密集紧实的城市生活的物质产品胁迫的感觉。上述伦敦的视觉景观在这一时期的某些摄影作品中得到展现，这景观是一个烟囱高耸林立的荒原。在这个中央供暖尚未出现的年代，每个主要房间（在最好的条件下）都有自己的壁炉，里面烧着烟煤，这特别会助长污染，城市每年的煤炭消耗总计达到了令人震惊的 350 万吨。狄更斯的小说，尤其是在他最后一本完整的小说《我们共同的朋友》(1864～1865) 中，深刻地记录了这种生态威胁的结果，包括生活在城市中的个体和城市人口群集。

正如他同时代的人的许多证言所揭示的那样，他是个激情四射的伦敦人。他终其一生都热衷于探索伦敦的边边角角和旮旮旯旯，通常都是步行，贫民窟的污秽、恶臭和疾病的威胁都未曾阻挡他的脚步，他对伦敦最阴暗卑微的街区和支巷的细致入微的了解让他的朋友们吃惊。但如果说狄更斯其人也许在某种程度上是巴黎浪荡子的伦敦翻版的话，就他的叙述者为我们提供的城市景致而言，却决无半点浪荡子的影子。他已将城市坐标牢记在脑海中的地图之上，就像他提供给读者的一些定位细节所显示的那样，但他更胜任某种与制图术截然不同的工作。下面是从《我们共同的朋友》中截取的一个一闪而过的例子，它也许可充当一种引导，进入到狄更斯精心布置的那独到的、扣人心弦的城市生活的景象。首先是精心细致的地形指示：两个人物，令人生畏的校长大人布拉德利·海德斯通（Bradley Headstone）及其谄媚阿谀的门徒查理·赫克萨姆（Charley Hexam），已从萨里这边的河岸穿过了威斯敏斯特大桥，正“沿着朝向米尔班克的米德尔塞克斯河岸”漫步而行。“在这个区域”，叙述者继续描绘道：“有条小之又小的街道，名叫教堂街，还有个小之又小的广场，名叫史密斯广场，在它破败简陋的正中央，是个十分丑陋的教堂，教堂的四角立着四个塔楼，总体上像个石化的怪物，面目狰狞，体型巨大，四脚朝天地躺在地上。”[①]这一令人震撼的形象后来既没有得到进一步的描写，也不具备任何可对总的主题予以加深的显而易见的分量，来得无缘无故，却又精彩之至。许多读者都已注意到了狄更斯写作的童话视角，因为怪物、食人恶魔和其他超自然的动物往往借助于比喻性语言的功能，在最平淡无奇的当代场景中突如其来地现出身来。我绝非要否认童话元素在这个虚构世界中的存在，但我更愿意给这个概念增加一点小小的锋芒，其方法是指出狄更斯在反复地运用一组古老的幻影（archaic vision），借助它，人们在当代场景中的见闻会触动某种原始的恐惧和幻觉，于是远古幻影变成了某种介质，通过它，我们在引导之下会看到新城市现实的令人不安的意义所在。在刚才引述的例子中，一座丑陋不堪却又自命不凡的建筑变成了凶神恶煞般的怪物。其明显的意图是用怪诞

---

① Charles Dickens, *Our Mutual Friend*, ed. Michael Cotsell (Oxford: Oxford University Press, 1989), p. 221. 以下所有引文均出自该版本。

的手法来进行讽刺，但其结果却（在读者心中，而不是在小说人物心中）诱发了一种在人类观察者与外部世界非人类的怪兽之间分离的明确焦虑，在这个例子里，那怪物是座建筑。四脚朝天的四腿怪物在性质上与幻想中的伦敦迷雾中的巨龙的存在异曲同工，这条龙出现在《荒凉山庄》（*Bleak House*）那著名的开头，在这里，正如在《白鲸》中一样，进化中的原始动物与《圣经》中的原始景象不经意地交织在了一起："街道泥泞不堪，就仿佛洪水才刚刚从地表退去，而与四十英尺来长的斑龙劈面相逢可不是件美妙之事，它正像头庞大而笨拙的蜥蜴向着荷尔蓬山的高处蹒跚而行。"①

狄更斯那分毫毕现的城市景观描写的关键是他的比喻性语言的使用。继莎士比亚之后，狄更斯有可能是英语语言中最伟大的隐喻大师。他的极富隐喻的想象的原创性和丰富性是他作为一个我行我素的小说家的主要原因之一，因为没有一个人能够真正令人信服地对他加以模仿。比较起来，巴尔扎克的隐喻是常规性的，正如我们所看到的那样，是服务于夸张和讽喻的双重目的的。狄更斯的隐喻和明喻则是新颖独特、鲜明生动的，时常会令人大吃一惊，给人以一种正在高潮中的即兴演奏戛然而止的感觉。隐喻的局部效果常常是相当精彩的，尤其是他通常放置在章节或小说开头部分的不厌其烦的描述性场景片断中，总是存在着一个由再现的形象和主题构成的交织绵密的整体。我怀疑，狄更斯事先完全没有对这样的整体性有所规划——肯定不会像乔伊斯那样，用其彩色铅笔和图表，为《尤里西斯》绘制主题网络图——而是被他那整体化的想象的强劲冲力顺势带出的。

让我们先来看看一个明喻的例子，它具有严格意义上的局部功能。《我们共同的朋友》的叙述者正在描绘位于肯特街和萨里街交汇点的邻里街区，布拉德利·海德斯通的学校和另一所为女孩们开办的学校就

---

① Charles Dickens, *Bleak House*, ed. Stephen Gill (Oxford: Oxford University Press, 1996), p. 11.

坐落在那里：

> 它们所在的街区就如同由一个思维特别不连贯的孩子从盒子里拿出积木来胡乱搭成的玩具街区：这里，是一条新建成的街道的一边；那里，有座虽然大却孤零零的客栈，不知朝向何方；这里，又是一条尚未完成却已成废墟的街道；那里，有座教堂；这里，有座巨大无比的新仓库；那里，有座坍塌了的老式乡下别墅；然后是由黑色的沟渠、亮闪闪的黄瓜架、排列有序的田地、种植丰富的花园、砖制的高架桥、架着拱桥的运河构成的大杂烩，以及由闷热的气味和雾霭构成的混乱气息。就仿佛那孩子踢了桌子一脚后便上床睡觉去了。（第 218 页）

城区地带这一场景在建筑和功能上的杂乱无章通过相互对立的结构冗长的列举而得到恰如其分的捕捉，这刺耳的“混合乐”中既包括黑色的沟渠和亮闪闪的黄瓜架，也包括由新技术决定的存在结构，如砖制的高架桥和架着拱桥的运河。当然，这一系列是 19 世纪现实主义系列必需品，事实上它们在我已提及的左拉的《欲的追逐》中的城市残破景象的全景图中得到了突出的描绘。狄更斯处理这一现实主义系列的不同手法也许可在“又是一条尚未完成却已成废墟的街道”这一炫耀而又似是而非的描写中寻到一丝线索（在那背后也许蕴含着对于《约伯记》[Job] 3：14 下意识的记忆，在詹姆斯王的版本中，此处的内容是：“和地上为自己重造荒丘［更准确地说，是‘废墟’］的君王、谋士”）。然而，形成这一决定性差异的，是由那个怒气冲冲、反复无常的孩子的明喻所构成的系列。你也许会假定，这一比喻意在对新城市场景的花费进行怪诞的讥讽，但它也暗示了能动性在大都会的快速转变中的令人不安的缺失。变化的发生荒乱无序，没有明确的方向。一条新建成的街道顺着空地延伸，另一条甚至还未完工即已变成了废墟；一座孤伶伶的酒吧不知朝向何方；宗教信仰和贸易的建筑成了不相匹配的邻居。在所有的这一切之中，具有前后一致的集体目标的城市社区概念分崩离析。狄更斯成就的一个核心矛盾是他对自己所在的维多利亚时代是如此明察秋毫，与此同时，却又在小说和诗歌中预言了主题上的、有时甚至是技术上的现代主义实践活动。这个精神错乱的孩子的明喻实际上在卡夫卡那里有一个旗鼓相当的对手：当《城堡》（*The Castle*）中的主人公 K 望着位于山顶之上的城堡的残垣断壁时，想象它也许是被一个发了疯的孩子粗暴地推挤在了一起。尽管如我们所知，卡夫卡是狄更斯的忠实的读者，但我们并不清楚，他是否对这部特定的小说了然于心，所以我不认为他是在借用，也许这其中只存在一种具有启发性的密切关系。在现代派中，关于个体和社会、体制以及风土现实之间在认识论和本体论上的这种分离，卡夫卡是个勤勉的探索者，在其中，他努力地想把自己嵌入进去。狄更斯无疑尚未达到如此极端的地步。狄更斯世界中的开心惬意相当真实，他在一本又一本的小说里不断地构想着一个居于城市荒原中的小而持续的善良人的社群。不过，他对于新工业时代扩张中的城市的感觉是，人的目标跌出了控制之外，滑进了盲目的前后不一之中，这种感觉指向了现代派笔下的某些更为荒凉萧瑟的景象。

这种失去了控制的感觉，这种被威胁性的、也许是不可思议的存在所包围的感觉，在《我们共同的朋友》及其他地方与狄更斯的侦探小说维度不谋而合。下面是个特别引人注目的时刻，当时，尤金·瑞伯恩（Eugene Wrayburn）和莫蒂默·莱特福德（Mortimer Lightfoot）正陪同一位警探于破晓时分乘着阴险的罗杰·赖德胡德（Rogue Riderhood）的船顺泰晤士河漂流而下，搜寻赫克萨姆老头（Gaffer Hexam）的尸体：

> 他们全都浑身颤栗，而他们周围的一切似乎也在颤栗：河水本身，船，索具，帆，以及尚在岸上的晨雾。杂乱一团的建筑因潮湿而变黑，并因冰雹和霰雪的白色团块而在表面起着变化，它

们看上去比平常要低矮，仿佛正在蜷缩，并因为寒冷而缩小了。两岸绝无半点生命的迹象，窗户和门都紧闭着，船坞和仓库上的白底黑字煞是显眼，“看上去，”尤金对莫蒂默说，“就像死人墓碑上的铭文。”

他们慢慢地滑行，始终处于河岸的下方，借着狭窄的水道，在停泊的船只之间悄无声息地钻进钻出，那鬼鬼祟祟的样子似乎与他们的船工平常的工作方式一模一样。他们穿行其间的那些物体个个都是庞然大物，相形之下，他们可怜的破船似乎有被撞碎之虞。那些船体之上，铁锈斑斑的锚链穿过锚孔拖出船外，锚孔因长年累月地被铁锈锈蚀而褪了颜色。每一个这样的船体都似乎都怀着不轨的图谋出现在那里。没有一个船头雕像不是面露杀气，仿佛要一冲向前，将他们压于胯下。没有一道闸门，或者，没有一条画在墙上标示水深的刻度，仿佛是种暗示，就像外婆家床上的那匹滑稽得要死的大灰狼所言：“那是为了淹死你，我亲爱的!”渐渐逼近的行动迟缓、船舷破裂而起泡的黑色驳船没有一只不仿佛是在吸着江水，迫不急待地想要把他们吸入肚中。样样东西都在吹嘘着水的破坏性影响——变了颜色的铜制品，朽烂的木头、蜂窝状的石头、阴湿的绿色堆积物——以致在想象中，被撞击、吮吸、拉拽后的结果，看上去就如同主体事件一样丑陋不堪。（第171～172页）

这些准确的细节，得到了同时代有关泰晤士河沿岸场景的照片的令人震惊的证实，其精准性可谓非同寻常，对每件事都是从一个特殊的、强力变化着的视点上进行明显的观察。现场的那种威胁感当然正是船上的人们的感受，这几乎可以说是狄更斯在采纳自己小说人物的视角了，就像当瑞伯恩有关死人墓碑上的铭文的评论证实了叙述者正在传达的河岸概观时你所能看到的那样。可是，陈述的主要负责人始终是叙述者，这取决于他对于颤栗的人以及似乎也在颤栗的河水、船和索具的权威综述，并以典型的狄更斯式的方式，赋予了暮气沉沉的建筑物以活力，把它们说成是因寒冷而收缩了的蜷缩的动物。船上的三个人（赖德胡德，即他们的船工，大概会有一种不同的视角）之间的尺寸的差异以及他们从其间穿行而过的杂乱而庞大的河上物体既是这个紧张的叙事时刻的特殊场景，也可被概括为处于铁的无垠世界以及衰朽而混乱的城市景观中的人的困境——河岸边的浪荡子除外。

位于这个冷酷狰狞的场景之中心的是小红帽的幽灵，而这正是狄更斯的识别标志。狄更斯深刻地认识到，童话故事主要不是在于它们拥有快乐的结局，而是正如布鲁诺·贝特尔海姆（Bruno Bettleheim）所强调的那样，在于它们表达了无助的儿童的原始恐惧。如果说在引述大灰狼的话时有种滑稽的腔调，那也是种神经质的滑稽，因为小红帽故事的调用意在提醒我们，外面有凶猛的野兽，它们正等着将我们全都生吞活剥，而泰晤士河的场景就如古老故事中的森林一样可怕。

这种可怕的吞食与再现小说的核心主题的做法形成了有力的协调统一，并且生动形象地证明了我所说的狄更斯之想象的整合性力量。本书的情节引人注目地通过溺水来开启死亡之旅（这也是 T. S. 艾略特最初想从本书中摘录一段作为《荒原》题词的又一原因）。在本书的开篇场景中，赫克萨姆老头在女儿丽齐（Lizzie）的帮助下，将一具尸体从泰晤士河中钓起。他本人命中注定要变成另一具像这样被淹死的尸体。主人公约翰·哈蒙（John Harmon）被普遍认定已溺死，他只是与此命运擦肩而过，并借此得以复活，正如尤金·瑞伯恩在小说结局部分说的那样，而两个阶层不同、性情迥异的恶棍，海德斯通和赖德胡德，将紧紧地扣在一起，毁灭于渠匣的浅水之中。死亡在狄更斯后期许多的城市描写中泛滥，这始于《荒凉山庄》，而在《我们共同的朋友》中，其首要管道是泰晤士河，即承载着城市丰富的商业生活的这条水路，它反映在我们的段落中是由隐约可见的船只构成的狭长景致。在这段于下着雨的冬日黎明苍白的光线下进行的泰晤士河之旅中，在过度拟人化的场景中每样东西似乎都虎视眈眈地想要将观察者溺毙：

不仅是河水，还有轮船、驳船以及码头这些构造，它们似乎随时准备着要将人拖进河水深处。正如我们刚刚提及的，所有这一切都指向了小说的主题性核心。鉴于呈现这种威胁性场面的视点的徘徊不定的模糊性，那充斥于各处的溺水威胁既可以局限在船上的三位乘客身上，也可以用以陈述任何一个正力图穿过这个由铁、锈和腐烂构成的水上城市风景的有知觉的存在。其核心功能是现代商业的运输工具的泰晤士河本身在书中与漠视一切人类价值观的原始而脏乱的终结联系在了一起（狄更斯的古老的幻影的又一体现）。这种联系在本书一开始那个赫克萨姆老头在水上划着自己的清道船的场景中就被固定下来。他的船是“河床而非河面的盟友，因为那船上覆满了黏液和淤泥”，而他本人、身上的衣服“似乎是用弄脏了他的船只的泥巴制成”（第 2、3 页），他与其说是任何得到承认的人类社会的成员，倒不如说是现代城市野蛮地带的一个穴居动物。

作为城市小说家的狄更斯从表面上看，似乎与其同代人福楼拜格格不入，但两者之间却存在着令人称奇的密切关系。正如我们已经看到的那样，《情感教育》是架工艺精湛的地震仪，反映了现代城市经验那令人困惑的震动，以及与之伴随的在川流不息的城市人群之中迷失了方向及有意义的人际关联的个体感知。表面上，狄更斯的世界可能与之迥然不同。它通过才气逼人的即兴创作得以塑造，称得上精湛的技术工艺的成分少之又少，而且作者对通过个别人物的眼睛来呈现经验的做法兴味索然。按照一种普遍的先入之见，狄更斯会为其绚丽多姿的伦敦大都会场景大声喝彩：不管怎样，作为一个坚定地使用纵观全局的权威叙述者的小说家，他用不着担心，其实也无从在技术上接近，那大量涌现的从根本上说是令人迷失方向的多种多样的刺激，正是福楼拜笔下都市体验的标志。可是，狄更斯与福楼拜都有一种富于想象力的直觉，即迅速扩张的大都会——以伦敦为例，我们也许可以回想起来，它在狄更斯所描写的那个世纪扩张了六倍以上——正在逐渐失控。两位作家都感到，现代城市的各个维度都使个人变得渺小无助，并且有颠覆人类能动性实践的危险。福楼拜恪守经他得以完善的实验现实主义的这种表征偏好，将此困境记录为一种知觉问题，即个人意识的混乱。狄更斯则技巧精湛高超地部署着一系列全景式的城市景观，他在由自己关于隐喻方面的创新能力所构成的惊人能量的牵引下，编织着新都市世界的种种形象，提出了城市作为人类文明之化身的可行性问题，并且不是从个人视角，而是从人类的集体视角对它加以审问。正是在这一时刻，远在数百英里之外的东方，陀斯妥耶夫斯基（他对福楼拜和狄更斯两人的作品都津津乐道，虽然在想象力方面他与狄更斯更为接近）正在清晰地描绘彼得堡的景象，将两个视角结合在了一起：在《罪与罚》（1866）中，城市的污秽、混乱和压迫一再透过拉斯柯尔尼科夫的狂热视角得以呈现，但也有对现代城市的含蓄概观，即它客观上已变成了在社会和道德方面都处于病态的场所。

我们应该把狄更斯想象为一个全心全意的改良主义者，他终其一生都坚信，人们有可能通过有意识的努力来改良社会现状。这是他与福楼拜截然对立的又一方面，后者对于政治，对于社会是否有能力为了实现积极的变化而超越积习已深的自私自利的冲突，持着一种普遍的悲观论点。依旧与此形成对照的是，狄更斯能够想象出福楼拜从未想象过的感情和社群，但你也应当注意到，他再现人类团结的典型做法是，将它隔绝在位于更大的城市场景中的受到保护的小圈子中，例如为玩偶裁制衣裳的詹妮·雷恩（Jenny Wren）及她那些形形色色的古怪朋友们所居住的位于楼顶的田园式孤岛这块不可思议的小片区域。但在这些充满爱意的社群的梦想背后，在改良主义者的乐观承诺背后，广阔的城市在后期的狄更斯那里，一再地，且是强有力地，被想象成混乱和解体的舞台。

了解他如何部署这一令人不安的景象的一个有用方法，是关注他对城市的视觉处理方式。狄更斯和福楼拜都是热衷于视觉景象的小说家，只不过方式不同。福楼拜是如此优美而精确地再现了小说人物的眼睛如何捕捉那些撞入眼帘的世界元素，以至于他的小说常常被十分合理地当作电影中的主观镜头的先驱。(我们曾进行过详细观察的弗雷德里克对于环绕着他的假面舞会的万花筒般的印象，就是许多例子中的一个典型。)另一方面，狄更斯则多少有些令人吃惊地以其自身相当独到的方式证明了他原来才是银幕第一人。伟大的俄国导演谢尔盖·爱森斯坦(Sergei Eisenstein)在20世纪30年代的一篇颇有启发意义的文章中认为，狄更斯在处理人数众多的场景时，会迅速地从一群形象切换至另一群形象，这种视觉处理方式强力预言了蒙太奇技巧的出现，早期的电影制作者直接从中汲取了营养。爱森斯坦分析了《雾都孤儿》(*Oliver Twist*)第21章的开头部分，说它有蒙太奇的部署，然后援引《艰难时世》中的一小段有关焦煤镇日常事务的苍白的雷同的文字，将之作为一个例子来说明，狄更斯"比好莱坞的城市画面早了80年"①。无论狄更斯是不是真的是早期电影剪辑的直接源泉，爱森斯坦的证言都是非常有帮助的，因为它提醒我们，这位作家在再现城市时展现出了通常以视觉为焦点的高超的精湛技巧，即使是在没有在技术上深思熟虑的情况下也是如此。

一个核心例证是狄更斯对于维多利亚时代的城市中的物质乱象的处理。维多利亚时代是个富裕阶层积累物质财富的伟大时代，这主要由工业革命所促成，且毫无疑问地被工业革命所加速。经济和技术发展的结合，并非出于偶然地，使大量丰富的产品喷涌而出，与之伴随的，还有工业生产过程中的废弃产品，于是所有这些产品和废品密密麻麻地挤满了城市居民的居住空间，既包括外部空间，也包括内部空间。现在，现实主义者的分类结构，即我们在过去已经注意到的小说写作程序，成了19世纪这个混乱时代的久盛不衰的文学证言。然而，这一通常由巴尔扎克或左拉来管理的范畴分类，实际上是一种**排序**装置。长长的分类清单营造出一种全面再现的幻觉，但事实上，细节几

① Sergei Eisenstein, "Dickens, Griffith, and the Film Today," in *Film Form*, tr. Jay Layder (New York: Harcourt, Brace and World, 1940), p. 217.

乎总是反映了阐释性的选择偏见，通过表面凌乱的细节，作者给出了有关环境以及属于那一环境的人物的社会学、主题性乃至心理学上的定义。相反，后期的狄更斯开始将混乱视为一种更加不祥和无法控制的现象，这一现象无法成为满怀自信的叙事性解说的承载工具。对狄更斯而言，这是某种最终难以辨认的城市存在，正如埃弗雷姆·西奇尔（Efraim Sicher）在其最近的有关狄更斯对城市的再现的全面研究中所强调的："没有任何描述可以传达城市的全部，所以狄更斯通过否定，通过描绘描写的失败，或是通过向我们提供互不相干的物品分类（它们出人意料而又荒谬可笑的结合使我们深感不安）来对此加以处理。"①在《荒凉山庄》中，引人注目的是，克鲁克（Krook）先生的破布酒瓶仓库那堆积如山的琐屑碎片引起了自燃，这影射了除非一把火烧掉窒息拥塞的法律机构，否则别无出路。《我们共同的朋友》描写了与克鲁克的仓库异曲同工的怪异场所，那就是维纳斯夫人的动物标本剥制商店那古怪混乱的局面（希区柯克无疑从中为拍摄"三十九级台阶"［*The Thirty-nine Steps*］中的动物标本剥制商店的既滑稽又恐怖的镜头获取了某些灵感），但小说更为突出的混乱再现是脏乱的堆积，隐约存在于哈蒙（Harmon）的垃圾堆上。从这垃圾堆中可以榨取财富，也让城市沐浴在污染之下，正如我们将要看到的，小说对此投入了大量的关注。

下面是许多描写肮脏场景的片段中的一个。表面的叙述语境是瑞伯恩和莱特福德在他们租住的泰晤士河边的小屋中共用晚餐，但叙述者对于狂风大作的春夜的综述却与两个围坐在桌边的年轻人的视角毫无关联，尽管年轻人装模作样地像是要采取恰恰相反的行动。

那刺耳的狂风与其说是在吹拂，不如说是在拉锯：当它拉着

① Efraim Sicher，《重读城市，重读狄更斯》（*Rereading the City*，*Rereading Dickens*），New York：AMS Press，2003，p. 40.

大锯的时候，锯末在锯木场各处盘旋飘舞。每条街道都是个锯木厂，只是没有处于上首的锯工——每个行人都是处于下位的锯工，锯末迷住了他们的双眼，呛得他们喘不过气来。

每当风起之时，那在伦敦四处流通的神秘纸币便会在这里、在那里、在每一个地方迎风回旋。它来自何方？去往何处？它在每一丛灌木上悬来荡去，在每一棵树上摇头摆尾，被电线勾在空中，在每道围墙边游荡，在每只水泵边饮水，在每道格栅边蜷缩，在每块草地上战栗，在数不胜数的铁栏杆后徒劳地寻找栖身之所。在巴黎，样样东西都不会被浪费，尽管它是那样一个开销巨大、穷奢极欲的城市，可在那里，出类拔萃的人蚁会爬出洞口，捡起每一粒碎屑，所以那里可没有这样的东西。在那里，风吹起的只有灰尘而已。在那里，敏锐犀利的眼睛和饥肠辘辘的肚皮甚至连东风都不放过，总会从里面弄出点什么东西来。

风在拉锯，锯末在盘旋。灌木将众多的触手绞拧在了一起，悲叹自己上了太阳的大当，竟然在这时绽出新芽；嫩叶憔悴了娇容；麻雀像世间的男男女女一样，为自己的过早成婚后悔不迭；彩虹的颜色倒是依稀可辨，只是不在繁花似锦的春天，而是在被风肆虐过的人的脸上。风拉锯不已，锯末旋转不止。

当春日的黄昏漫长和明亮到想将它关在门外都不可能时，当这样的天气盛极一时时，这座被波茨纳普先生解释性地称为伦敦、伦敦细呢，伦敦的城市就到了最糟糕的时候。这可真是座黑洞洞、闹哄哄的城市，兼具着熏肉作坊和正在破口大骂的泼妇的双重品质；这可真是座砂砾之城；这可真是座绝望之城，因为在它的天空中，铅灰色的天盖完全密不透风；这可真是座被围困之城：艾塞克斯郡和肯特郡的沼泽大军将它团团围住。（第 144～145 页）

狄更斯在此处施展了他最喜爱的修辞策略。他动用了一个隐喻——刺耳的狂风如同一只巨大无比的锯子——并围绕它逐渐推进，将被风吹得满街乱飞的垃圾变成了锯末，而将伦敦本身变成了巨大的锯木厂，出于对其隐喻性用语的首尾呼应的坚持不懈，将自己最初的隐喻之言变成了名副其实的叠句："而风拉锯不已，锯末旋转不止。"这个隐喻简洁地传达了狂风那磨人的、嘈杂的效果，也完全适用于城市场景，因为它是个从不断释放出恼人废品的工业过程中得出的隐喻。值得注意的是，失去控制的是一种工业或工艺流程：没有上首锯工——根据《牛津英语字典》的解释，这个词原指操纵大锯上柄的人——锯坑里只有处于下位的锯工，被锯末呛了喉咙和迷了眼。（自《荒凉山庄》起，狄更斯即一再书写对于伦敦的空气在实际上和比喻义上变得让人喘不上气来的担心。《我们共同的朋友》中的这种对城市的理解，我们应当有机会更加细致地加以追踪。）我要指出，这个核心隐喻有种悖论式的双重效果。正如我们已经观察到的那样，它占据了整个场景，但它并未减弱，甚至也许是锐化了该场景的视觉呈现。如同伴随着一架手摇摄相机，我们的视野在城市的街道上逐一延伸，追踪着围绕格栅、铁栏杆、水泵、草地、围墙和电线（这最后一个细节指的是电报线，是19世纪中叶相对较新的技术的证据）盘旋的废纸。无论与巴黎的对照在历史上是否准确——我怀疑爱森斯坦会说它有点蒙太奇，作为描述伦敦特性的一种修辞性对照，它都发挥了很好的作用。与此同时，它也许会请读者接受双重的收获，因为在对哈蒙的垃圾堆的殚精竭虑的开发利用中、在从泰晤士河中寻觅尸体的活动中，所体现的正在伦敦发生的一切，正是猛地扑向每块碎屑的、有着敏锐犀利的眼睛和饥肠辘辘的肚皮的人蚁的行为。废物和钱币的隐喻方程式具有引人注目的迷惑效果：为垃圾满地的伦敦的形象平添了废物是种"货币"的形象，它在城市的所有景象中飘摇颤动，传递出一种不得体、无价值之感，一种事事都需全面追求的感觉。

本段内容以及狄更斯的总体创作的另一个典型特征是从机智诙谐的空想转向超越了具有讽刺性场合的险象环生的视角。绞拧着自己的众多触手的灌木如同狄更斯张扬的拟人化的其他童话笔触一样，具有某种初始的噩梦感。“像世间的男男女女一样”为自己的早婚后悔不迭的麻雀，表明对年轻人的恋爱幻想相当不看好，虽说这并不完全可与狄更斯借以绑定大团圆结局的幸福结合兼容并立，但与此同时，它们也让人联想到幽灵般的景象，这反映了在城市中遭到破坏的自然的完整而多产的秩序。对于被肆虐的脸上的彩虹色彩的想象是有点夸大其辞的自相矛盾，但它也令我们想起了一直是暗示性的东西，即深灰色的天空之下的城市风景完全失去了色彩。最后，伦敦本身这个在“天空中铅灰色的天盖”下的“黑洞洞、闹哄哄的城市”变成了比喻转型的主体，被说成是“熏肉作坊”（那所有的烟囱）和“正在破口大骂的泼妇”（势必是那些后悔的过早婚姻的后遗症）两方面的结合。

乍看上去似乎只是关于一种烦恼、一阵飞沙走石的狂风的鲜活描写的悲惨感觉，因文中的几段圣经式回响而得到强化。“连东风都不放过”的食腐者让人想到了《何西阿书》（Hosea 8：7）：“他们所种的是风，所收的是暴风”，尽管东风本身即是《圣经》中一个反复出现的角色——例如，在《出埃及记》中关于瘟疫的叙述——它是荒凉的挟持者。关于风的带有修辞色彩的问题“它来自何方，去往何处?”使用了古英语，这多半是受到了《圣经》詹姆斯王译本的启发，它指向了《传道书》（Ecclesiastes）开篇中的徒劳地打着旋儿的风：“不住地回转，而且返回转行原道。”毫无疑问，《传道书》中由一阵漫无目的和益处的转来转去的风构成的萧瑟景象，正是此处吹遍当代伦敦的风的恰当背景。

最后，既然狄更斯不仅凭借超凡脱俗的足智多谋来精心构思了隐喻，而且使隐喻有了扩展，那么就应当注意到将垃圾这一核心形象比作锯末，被比作“纸币”的垃圾形象复杂化了。这里有可能涉及到一种语源上的双关，因为“货币”是四处流通的东西。纸币是某种没有内在价值却又被赋予了象征价值的东西。表面上，它只不过是叙述者机智风趣的漫不经心之语，但这段话却涉及了处于《我们共同的朋友》之核心地位的城市垃圾产物的经济维度。那些喜爱此类鉴定的人，正如本小说的某些阐释者一样，也许会选择引入弗洛伊德的金钱与粪便之间的等式。狄更斯本人似乎更多地关注对一个由金钱关系聚集在一起的社会中最受推崇的人类价值的否定。金钱是垃圾。就像日积月累的垃圾一样，它扼住了生命的喉咙。现代商业城市那转动的磨盘、拉动的大锯和冒着浓烟的烟囱生产了一大堆一大堆的垃圾，而人们又想方设法地从这些垃圾堆中榨取财富。有了这一切后，我不敢肯定狄更斯是在展现生产性劳力的充足感（他笔下的善良人物似乎极少从事任何有意义的工作），还是在展现工业如何使一个集体的存在超越了前工业社会的生计层面，尽管工业具有显而易见的恶习以及有害的后果。他凭借超乎寻常的洞察力的确看到了工业时代拥挤的城市生活已经令人警觉地逐渐被它自己的物质产品所窒息和污染。他在其后期的小说中成功地传达了这种觉察，不是抽象地或说教性地，而是通过具体的意象，并且时常甚至是凭借着一种触觉上的迫切感。在这个他用力唤醒的广阔的大都会中，男男女女都在拼命地呼吸，渴望着阳光，而阳光隐藏在铅灰色的天空之后，城市被密封在一个幽闭恐惧的监狱之中。我们现在应当继续讨论狄更斯的生态视野里那全方位的、海纳百川的成就。

第四章　狄更斯

——末日通告

狄更斯小说对于城市的处理方式随着时间而不断演变，但不是完全按照一贯的时间轨迹，而是在他达到自己才能的顶峰后，在所强调的内容方面出现了引人注目的差异。正是这种演变证明了我们集中关注后期的狄更斯，特别是他最后一部完整小说的目的是合情合理的。当然，他从一开始就对伦敦津津乐道，但在早期的小说中，这种迷恋主要是通过一种生动鲜活、有时是出神入化的讽刺漫画交织在一起的审慎观察来展现的。这使得他的叙述者与巴尔扎克的充满好奇、博闻广记的叙述者兼浪荡子大体相似，尽管他对于诙谐幽默和奇异怪诞的喜爱与巴尔扎克有所不同。在其早期小说中不太引起他的想象力的是这样一种渴望，即传达新城市的集体经验中易于觉察的、不断变化的感觉，传达发现城市正迅速变为品质各异的空间类型的感觉。当然，早期的狄更斯完全意识到了，伦敦不仅是个热闹的地方，而且是个险象环生之地。不过，贫民窟和城市犯罪几乎算不得现代大都会中的新鲜事，而伦敦数个世纪以来不缺老恶棍和大坏蛋。重点是狄更斯在《董贝父子》（1846）中开始表现出的对处于历史巨变的阵痛中的伦敦的感知。本书的变化焦点是铁轨对于城市的入侵，他有关斯塔格斯花园因引入铁路的影响而在建筑和商业方面发生了剧变的那段长篇大论的描写可谓尽人皆知。速度、能量与人群的行色匆匆在这里全都与这种新技术有关。狄更斯兼具理解和兴奋地将火车头本身设想为“驯龙”，它们令“墙壁震颤，仿佛它们身上有种尚不为人所知的巨大力量和尚未实现的强烈目标构成的秘密知觉，并正因此而不断膨胀”。在论及受铁路激励和统御的新工业城市中的业已变动的人类生活感觉时，狄更斯敏锐地将时间度量方法调整归零。他向我们展示了一处充斥着“戴着手表”的议会成员详细讨论过的“铁路平面图、铁路地图、铁路风景画……以及铁路时间表”的城市景观，而“铁路时间要恪守（于）钟表，仿佛太阳自己已经愿赌服输了似的”[1]。事实上，铁路时间表导

① Charles Dickens, *Dombey and Son* (London: Penguin, 1970), p. 290.

致了人们对于精准的、经过机械测量的时间的普遍接受，并以必要的手段促使人们开始携带怀表四处走动，以便他们能够在任何自己所在的时刻都可查看与一张客观的、精准到分钟的时间网格之间的关系。(带着这些精确、轻便的记时装置四处走动，改变了人与时间的关系，其方式类似于我们的时代因手机的引入而引发的交流沟通方面的革命。）弹簧驱动的机械钟自 15 世纪起就已随处可见，但第一架提供了较为精准的时间的时钟是于 17 世纪中叶发明的摆钟，而这些都完全不是易于携带的物件。极其精准的表的发明是在 1761 年，目的是用于航海。这样的表原本要再过上几十年才能被普遍持有，但铁路运输的引进极大地推动了它们的普遍使用。在狄更斯写下这段文字的 6 年后，格林威治标准时间开始启用，这进一步证明了现代技术对精确的标准化时间的需求。在铁路出现之前，人们基本上一直按照惯有的方式来测量时间：通过太阳，因而对于当前时间的了解由自然界的昼夜节律所决定。狄更斯敏锐地意识到，铁路带来了我们基本经验范畴中的换位，即从自然王国转向了人类计算和技术王国。所有这一切都隐含在“仿佛太阳它自己已经愿赌服输了似的”这句轻描淡写、转瞬即逝的句子之后。几年之内，先是在《荒凉山庄》中，然后是在《我们共同的朋友》中，“太阳愿赌服输”的这一观点将具有更为严肃的寓意。

《董贝父子》中的铁路段落在这部小说中是例外而非常规，它对新城市存在的现象学的关注要远远少于一部道德剧——如果你愿意的话，也可说是情节剧——内容是关于在当代商业主义分配制度下人类情感匮乏方面的。在此处，狄更斯强大的描述能量的大部分都慷慨地给予了内部场景而非城市全景，在内部场景中，他可以通过装饰细节，有时是疯狂的占有欲，来展现商业巨头董贝先生的家庭生活中的冷酷无情。在我们真实可见的街景中，居于主导地位的是呈现在活跃匆忙的细节目录中的生动而奇异的生活，这与早期小说大同小异。类似的程序许多都显见于《董贝父子》出版 9 年之后的《小杜丽》（*Little Dorrit*）中，它们有可能取决于这样一个事实：这部小说中的情节设置在比写作时间早30年的伦敦。

正是在《荒凉山庄》(1852～1853) 中，狄更斯首次引人注目地着手描写令人不安的新都市中人类存在的全景视野。那段有关伦敦雾霭的众所周知的开场段落当然是段大气磅礴的描写，为小说奠定了堪称标志性氛围的基调 (狄更斯对于另一种现代主义进程的正式预期)，使肮脏的雾气与构成情节主要背景的英国法律机构那令人窒息的气氛发生了气象上的关联。然而，这些开篇段落中的雾气的最引人注目之处，不是它的象征性，不是狄更斯凭借如此精湛的技巧而在修辞上展现出的宏大而一以贯之的首尾呼应，而是它精准之至的观察。吸引了小说家关注的城市现象是污染，这在《我们共同的朋友》中更是重心，而他所形容的骇人黑雾实际上就是我们所说的烟雾："烟雾从烟囱顶帽处飘下来，成了柔软的黑色的毛毛雨，混合着雪片般大小的烟灰——陷入哀伤，你可以想象，为死去的太阳哀伤。"①此处的太阳之死是比《董贝父子》中太阳的认输更加令人惊悚的说法。它用的是后期的狄更斯那种典型的方式，是种半开玩笑的、富于想象的巧言隽语，它触动了严峻的暗示，远远不是像表面上看到的那样，只想在字字珠玑之中表现机智幽默。太阳之所以像是死去了，是因为在这被烟雾包裹的城市景观中，无一处能够看到它的身影。但观察者的眼睛看到的是对自然规律的最严重的颠覆——飘摇而下的是由那些熊熊燃烧的煤炭所导致的煤烟的灰屑，而非雪花，仿佛大自然正在披麻戴孝，按照想象的逻辑，太阳不仅是被烟雾遮蔽了起来，而是已经毁灭。尽管是当作一种神经质的玩笑来引入的，但太阳之死绝非可笑之事：正是这个段落，构成了我们文化中启示性结尾的主要语言，来自圣经中的先知 (比较《耶利米书》[Jeremiah] 4：23："我观看地，不料，地是空虚混沌；我观看天，天也无光。")，也是现代科幻小说的"启示录"。

① Charles Dickens, *Bleak House*, ed. Stephen Gill (Oxford: Oxford University Press, 1996), p. 11. 以下所有引文均出自该版本。

应当说，狄更斯并没有使这些瞬间的灾难想象与小说中所发生的事构成不可分割的整体。在《荒凉山庄》中，通过当代社会解体程序的推动作出的提示，他能走得最远的地方就是，认为在“汤姆独院”（Tom-all-alone）这个污秽的贫民窟中孕育的疾病将传播至最具特权的管辖区域。这种想法部分是说教性的规劝，正如其使用的道德惩罚的腔调所清楚显示的：“汤姆黏液中的每一个原子，他生存其间的每一立方英寸的有害气体，他身上的每一丝的猥亵下流或腐化堕落，每一毫的无知愚昧，每一分的邪恶凶残，他的犯罪行径的每一厘的残忍冷酷，都会自行报应，它会贯穿社会的各个阶层，一直到骄傲中的最骄傲者，显赫中的最显赫者。”（第654、657页）（在19世纪中叶摧毁了伦敦的斑疹、伤寒等传染病在狄更斯的脑海中挥之不去，他所说的“有害气体”似乎采用的是在当时盛极一时的所谓的传染病的瘴气理论，尽管他也把疾病自下层向上层的传播作为一个过程的象征，通过这一过程，对社会地位低下的人的剥削和忽视会从整个社会的基础上开始侵蚀。）来自悲惨而污秽的汤姆独院的乔（Jo）作为将要接触富人家宅的传染病携带者也展现了狄更斯情节的一种机制，借用菲尔丁（Fielding）的话来说，这个与18世纪小说有关的人物一直被有趣地称为，“人物守恒定律”（the law of conservation of character）；在狄更斯的这些精心设计情节的小说中，与《情感教育》截然相反，几乎没有一个人物会被浪费掉：每个人都与其他人以某种方式联系在一起，因为作者会灵巧地将所有线索聚集在复杂曲折而又处置果决的故事之中。说教的冲动和形式的需求两者都值得注意，因为，我认为，在狄更斯的情节及道德劝诫的传统性与被他强大的隐喻想象力所开启的深层感知之间存在着某种分离，要了解这一点，我们现在应当专注于《我们共同的朋友》。

隐喻与我们一直在观察的小说语言之间有何关联？最能使小说叙事与从史诗到爱情小说再到民间故事等其他叙事形式有所区别的，是它内在的、通常得到惊人展现的形式上的流动性。小说中的叙事可以迅速在宏大视野与单一人物的受限制的、沾染了情绪色彩的视野之间来回滑动。正如我们在福楼拜那里看到的，它可以采纳一个虚构角色的空间和时间向度，其技巧之精微和说服力是其他叙事文体无法比拟的。它可以从行动描述接入到冗长的随笔性反思，正如从菲尔丁到普鲁斯特（Proust）再到穆西尔（Musil）等小说家出于各种不同的目的所做的那样。小说叙述者的这种多少可以随心所欲的自由也反映在比喻性语言的使用中。在这里，为了方便起见，我将隐喻与明喻并为一体来说。毫无疑问，隐喻在任何叙事模式中都是个可获得的资源。在非小说的叙事文体中，它在与叙事主体的关系中总体上起到了辅助性的作用，用以凸显或聚焦叙述性事件。这正是《包法利夫人》中的基本用法，而在《情感教育》中，正如我已提及的，极少的比喻的使用仅限于赋予感官信息以更生动的定义。就连荷马史诗中那得到扩展的明喻也是在形式上有所遏制的策略，将精心构思的停顿引入到一往无前的叙事之中，使它所指的行动或对象在视觉上有所呈现，而且，在《伊利亚特》（Iliad）的例子中，打开了一个从战争王国进入司空见惯的和平场景的窗户。比喻在小说叙事中也可以这样来用，但鉴于这一文体的形式上的许可，它通常不是一种受到遏制的策略，而是恰恰相反——是富于创造性联系的载体，既可向外溢出，也可滚滚向前，就如普鲁斯特的明喻和狄更斯的明喻各自所做的那样。因此，得到应用的比喻性语言成了发现的工具，认为隐喻是背景而叙事是前景的观点便招来了质疑，因为在小说中所发生的事，从主题、感性和哲学的角度而言，都既可通过隐喻的竭力维持而发生，又可在一个人物的举动或对另一个人物所说的话语中发生。作为小说想象的首要载体的隐喻在狄更斯的笔下一再出现，也许在后来的小说中会更加发扬光大。

狄更斯式明喻的标志是，它所践行的一种力量似乎超出了一种偶然性，而经过反思，那力量又是极其正当合理的。就连显然是意在喜剧效果的相对简短的局部隐喻之中，也可以观察到这一过程。所以，阿尔福雷德·拉姆勒（Alfred Lammle）这个失意的吃软饭的家伙，被发现“正在对一瓶苏打水施暴，仿佛他正在拧某个倒霉动物的脖子，并把它的鲜血倒入自己的喉咙”[①]。这一形象使得这位失意的骗子经销商实际上显得相当蠢头蠢脑，并且恰如其分地为其注入了一点恶棍的成份，结果相当滑稽。与此同时，我认为，我们在阅读时，会自然而然地记住这个明喻带有强烈的惊悚感的特性。这个微不足道的无赖在小说中不会犯下任何谋杀罪行，但当他因计划受阻而勃然大怒时，他内心充满了杀人的冲动，这出色地反映在他对瓶子施暴的举动中，而当苏打水在假想中变成了鲜血时，人也就变成了吸血鬼。用这种方式对这一形象进行纯粹的夸张描写与对这个人物的心理洞察是一致的。狄更斯正是出于这一目的才使用了比喻性语言，尽管在表现真正杀人不眨眼的残忍恶棍布莱德利·海德斯通时，比喻性语言的运用要广泛得多。我现在想要讨论的是，比喻的这种超凡力量如何使19世纪的伦敦在小说中变成了一道特殊的风景。

在书的前部，在送别弟弟查理去当海德斯通助手后，丽齐·赫克萨姆站在敞开的门边，望着晨曦中的泰晤士河。她在那里的站立，对于所提供的场景而言，无论如何都是个正式的场合，尽管似乎没有任何语言为她的意识发声，文字上的执行都是由叙述者来完成的：

> 冬日那苍白的面容无精打采地露了出来，蒙着充满霜意的薄雾的面纱；河水中影影绰绰的船只慢慢变成了黑色的物体；在黑色的桅杆和场地后，在东部的沼泽之上，一轮血红的朝阳似乎先是在森林里放了一把大火，又被它的余烬所充塞。（第74页）

这个令人震撼的远景可以部分地解释为“氛围”书写，尽管它极为秩序井然。也就是说，每当我们接近赫克萨姆老头（他会在接下来

---

① Charles Dickens, *Our Mutual Friend*, ed. Michael Cotsell (Oxford: Oxford University Press, 1989), p. 267. 以下所有引文均出自该版本。

的段落中出现）或罗杰·赖德胡德以及他们频繁出没于其中的声名狼藉的泰晤士河岸时，这种场景的描绘都会带来邪恶或不祥的言外之意，暗示着潜伏在阴影中的暴力。可是，语言有一种能力，它可以达到某种超出纯粹紧张氛围的效果。伦敦，在这个清晨时分，被薄雾紧紧地包裹着，而不是在一种密不透风的烟雾里，消融在了波德莱尔式的“幻城”（unreal city）之中。（毫无疑问，只是出于偶然，三个时常成为小说详加描述对象的19世纪的大都会——伦敦、巴黎、彼得堡——都沿着沼泽而建，时常起雾，促使小说家们将它们看作是幽灵般的幻影。）狄更斯即使在修辞上展现明晰的隐喻时，也常常忙于隐喻性地想象自己的对象。此处，冬日被拟人化为拥有蒙着面纱的“苍白的面容”，而带着霜意的白色随后被影影绰绰的船只的黑色轮廓和血红的朝阳所抵消。正是在描写太阳的样貌时，一个更清晰明确的隐喻浮现出来，与血和火这些显然属于城市地狱景象的物质混为了一体。自然与从未远离狄更斯想象的经过建构的人类世界之间的截然对立，有力地让冉冉升起的太阳的红色圆盘成为抛锚停航的轮船的混杂的桅杆和场地的背景：所有这一切都曾是一座正在生长的森林的组成部分；现在在太阳的映衬之下，它们似乎再次成了森林，只不过是着过火的森林。当然，重要的是，在注意狄更斯笔下的此类时刻时，要保有一种比例感。毕竟，他不是一个预言毁灭的声音。不过，他的隐喻性想象的冲力动摇了我们将城市当作一座实现人类意愿集体设计的坚固、牢靠的剧场的感觉。地狱之火在他色彩绚丽、有时相当妩媚的城市地平线上断断续续地闪烁着光芒。城市时常被视为与自然规律的分离，甚至是对自然规律的违反，而在他隐喻性想象的最深处，对于这种远离自然界的做法也许会被讨还的代价，他表示出某种不祥的预感。

《我们共同的朋友》在三个由形象和主题杂乱地联系在一起的典型城市场景中来回移动。它们是：泰晤士河（其中的一个例子我们刚刚进行了观察）及其毗邻的贫民窟；金融街区（严格意义上的伦敦城）；由哈蒙隐约可见的垃圾堆所统御着的暗示相当模糊的邻里街区。正如我前面所观察到的，狄更斯提供隐喻性城市场景的时刻，通常都发生在章节开头或非常邻近开头的部分，该场景为即将开展的行动提供了景色方面或主题方面的导语，而我们将要讨论的所有段落皆是如此。让我们先来看看两段有关伦敦城的一致看法，这两段看法在文本中的位置相距甚远（一段是在书的第三部第 16 章的开头，一段是在书的第二部第 15 章的开头）。下面是当贝拉·韦尔弗（Bella Wilfer）走向自己父亲的会计室时的伦敦城，她和她的父亲以及约翰·哈蒙将在那里举行一场愉快的私人晚宴——冷酷的城市场景之中的田园风光般的小庇护所的又一例子：

> 当贝拉沿着满是沙砾的街道向前走时，这座城市显得着实令人垂头丧气。它的大多数金钱磨坊放缓了风车的翼板，或是停止了那一天的研磨。磨坊主已经离开，熟练工人也正在散去。经商的街巷和场院显出了风霜憔悴的一面，而人行道则有种疲劳厌倦的神情，因千百万只脚的踩踏而显得狼藉一片。夜晚得要花上数小时的时间才能使在如此人声鼎沸之地留下来的白昼的焦躁狂乱稍加舒缓。直到此刻，对于金钱磨坊所在地新近停止的旋转声和碾压声的担忧似乎仍盘桓在空气中挥之不去，因而那种沉寂更像是来自倒伏在地的弹尽粮绝的巨人，而非正在重新积聚能量的巨人。（第 603 页）

尽管在此处有所节制的隐喻至少对狄更斯而言是种相对普通的隐喻，但许许多多富于想象的工作则贯穿了它的清晰表达。“金钱磨坊”也许是种老生常谈，但狄更斯使推磨的声音响彻了整个段落。贝拉走过的街道因无孔不入的污染而真正地“满是沙砾”，但那砂砾中当然包含了因某种研磨举动而导致的细碎的磨损性颗粒，于是在街道的沙砾满地与金钱磨坊的日常研磨之间建立起了看似偶然的隐喻性关联。（这种不经意的联系并不完全是想象出来的，因为假如伦敦不是个大的商业中心，它就不会有密集到骇人的人口——“千百万只脚的踩踏”——而如果没有那些人口，它就不会受到污染的困扰。）当然，19世纪的伦敦主要不是座工业城市，而是座商业城市。强加给金融街区的磨坊形象暗示了工业与金融之间曲折复杂的联系，即使它特别提及了风车。（此处的隐喻运用中，在风车这一较古老的技术与现代工业之间无疑存在着某种人为的模糊性。）这一形象还表明，工厂不断变化的钢铁场景中精疲力竭、失去人性的劳作类似于那些在会计室中整理资料而非操纵机器的人的劳作。本段结尾处的巨人代表着商业中心的巨大力量，是狄更斯喜欢运用童话故事的又一例证，尽管它可能也会指向对于《唐吉诃德》（*Don Quixote*）的下意识的回忆，因为金钱磨坊毕竟被塑造成了风车的形象（“放缓了风车的翼板”）。无论如何，最后一句中用“弹尽粮绝”（spent）来代替“精疲力竭”（exhausted），形成了一个干净利落的总结性双关语：精疲力竭的能量可通过休息而得到恢复，但这个巨人则是弹尽粮绝，就像金钱一样，一旦支付，便一去不返。在人声鼎沸之地为了利润而研磨不已的日常循环是一种人的精神的“焦躁狂乱”，耗尽了资源，却少有重新补足的允诺，这摧毁了人类与自然的持续规律间的纽带。

在小说前部的伦敦城的景观则更为严酷，也许这是因为它是那个阴沉不语、自戴铁枷的人布莱德利·海德斯通出现的前奏。它也展示了沙砾和研磨：

> 伦敦城灰暗阴郁、尘土飞扬、衰弱萎靡的黄昏令人绝望。闭门落锁的仓库和办公室有种死气沉沉的气息，而举国上下对色彩的畏惧则生出哀悼的气氛。被千家万户环绕着的教堂的塔楼和尖顶昏晦肮脏，就像是似乎要倒塌在它们身上的天空，对于那无所不在的幽暗而言，它们可说不上是种慰藉；教堂墙面上的一架日晷在其毫无用处的暗影中，一副败尽家资、永不还钱的神态；因无家可归、漂泊游荡而忧伤满怀的看门人和搬运工将同样无家可

归、漂泊游荡而忧伤满怀的纸张和别针扫进排水道，而另外一些更加忧伤满怀的无家可归者又对它们大加讨伐，伛偻着身子搜寻拨弄着任何可拿来出卖的东西。从城中涌出的人，恰如从一所监狱中放出的囚犯，而凄凉昏暗的新门监狱似乎正好给权势压人的市长大人当堡垒，就像他的大官宅一样合适。

在这样的黄昏，当伦敦城的沙砾吹进了头发、迷住了人眼、钻入了皮肤之时，当寥寥无几、郁郁寡欢的城市行道树的落叶在风轮的碾压下散落在各个角落之时，那位校长和他的学生出现在了利登霍尔大街一带，目光灼灼地朝东看去，只为寻找丽齐。（第393页）

狄更斯整合想象的幻想力量在此尤其显而易见。黄昏的天空浓云密布，说它们“肮脏”的暗示是对那些在小说中不断出现的污垢和污染的又一提示。①说天空“似乎要倒塌”在房屋之上的念头传达了一种隐遁幽闭之感，因为城市让人感到是从自然的荒野世界中切除下来的，而这种幽闭感为该段结尾处的监禁的画面铺平了道路。在这个例子中，狄更斯并未使用他无比喜爱的首尾呼应的策略，而是通过罗列一整套的重复的、几近同义的表征来形成了一个统一的主题远景。“灰暗阴郁、尘土飞扬、衰弱萎靡”的相继而出迅速导向了“死气沉沉”，“哀悼的气氛”和“暗影”中的语义上的回响，又因“昏晦肮脏”而在视觉上得到了加强，头韵的使用又在语音上进行了整体的强调，从而获得了整体性的效果：尘土飞扬（dusty）—死气沉沉（death）—昏晦（dark）—肮脏（dingy）—倒塌（descending）——放出（departing）——凄凉（dismal）。此处有四个精心构思的隐喻被有效地组织

---

① 在此段和下段的讨论中，我从自己的文章“狄更斯小说的阅读方式”（Reading Style in Dickens）中借用了不少句子，该文发表在《哲学与文学》（*Philosophy and Literature*）第1卷第20期，1996年4月，第130～137页。

在了一起：首先是死亡，其次是破产（这是商业性死亡），然后是被当作流浪者和无家可归者而被清扫掉的垃圾，最后是监禁。因无家可归、漂泊游荡而忧伤满怀的人清扫同样将会被其他同病相怜的人捡拾的因无家可归、漂泊游荡而忧伤满怀的垃圾的这种重复继续了在小说中循环出现的感觉：所有经济活动都是没有止境的循环链条，财富是从垃圾中榨取出来的。流落街头的人们拨弄翻捡垃圾的事实将我们带回了小说决定性的第一场景，在此场景中，赫克萨姆老头撑船在泰晤士河中搜寻人尸和所有值得搬运的东西。马克思主义者也许会在这里发现被异化的劳动力的形象，福柯的信徒会发现监狱本身的形象。十分清楚的是，狄更斯对处于工业革命巅峰时期的资本主义社会的先见之明甄别出了所有扭曲的人类新关系，它们不是富产劳动力，而是代之以无止境的肮脏的撒纸屑追踪游戏，从污秽中榨取污秽的利润。

这一光彩夺目的隐喻星群的核心是以日晷代表陷入破产这一妙趣横生的机智描述。这是对狄更斯反复论及的太阳之死这一观点的极富独创性和响应性的部署。日晷当然无法指示时间，因为天空覆满了昏晦的乌云。破产的隐喻通过换喻，为日晷位于商业街区这一点所触动。它看似现实合理地嵌在教堂墙壁上的这一事实提供了一种波澜不惊的暗示：在这个死去的都市金融世界中，宗教毫无价值，或全无干系。该隐喻既奇趣盎然，又暗怀不祥（典型的后期狄更斯式的结合），因为一个已经“永不还钱”的日晷是一个绝望地远离了自然世界的、凄凉的、现在已无用处的时间指示，在这个世界中，似乎太阳将永远不再闪耀光芒。有那么一个转瞬即逝的时刻，仿佛是处于这隐喻的光亮所生出的闪动照明中似的，这座伟大的现代商业城市被当成了宇宙灾难的黑色竞技场，它的居民被贬为了可怜的蜣螂或绝望的囚徒，从一个有着生命光亮的世界中被驱逐了出去。随后，随着叙述者从都市全景滑向他的两个人物的特写镜头，黄昏那不祥的一面转变为纯粹的恼怒，因为沙砾渗进了头发、眼睛和皮肤。

我们将要讨论的狄更斯伦敦景象描写的最后一个扩展的例子将所

有这些主题都又推进了一步。它也是小说提供的最具全景性的城市景象，从偏远的乡村转向了叙述者本人所谓的“伦敦城的心脏”部分：

> 这是伦敦的一个雾天，雾很重，很暗。有生命的伦敦有着刺痛的眼睛和火烧火燎的肺部，它的眼在拼命地眨，气喘不已，接近窒息；没有生命的伦敦则是个被煤烟熏黑了的幽灵，被人为地弄得模糊不清，若隐若现。店铺里的煤气灯摇摇曳曳，一副没精打采而又满身晦气的样子，仿佛知道它们是太阳下无所事事的夜游生物。而太阳本身，当它时不时地穿过漩涡般的重重迷雾，好像就已经熄灭，变得扁平而冰凉。即使在周围的乡村也一样是雾天，只不过那里的雾是灰蒙蒙的，而伦敦的雾，在城市边缘一带是是暗黄色的，再加点儿棕色，然后越往里变得越深，直到伦敦城的中心——这里叫做圣玛丽·艾克斯——变成了赭黑色的。如果从北面山脊的任何一点望过去，都能看到那些最高的建筑物时不时地似乎挣扎着从一片雾海之中冒出头来，特别是圣保罗教堂巨大的圆顶看上去尤其顽固；但这一切在它们脚下的大街小巷中是无法看到的，在那里，整个大都会就是一团充满着车轮声的厚重蒸汽，它包裹着一场规模巨大的黏膜炎。（第420页）

这段对伦敦雾的描写比《荒凉山庄》开篇那个我们熟悉的有关雾的段落要更准确，也许在主题上还要更为复杂。这生动地证明了，那也许仍可恰如其分地称之为现实主义的再现模式，与由隐喻所促成的、也许可被视为视觉幻想才能的使用，可以完美兼容。这两种写作方式的融合还会对全知叙述这一通用概念提出质疑。巴尔扎克的叙述者，正如我们前面有机会观察到的那样，是在卖弄自己的学问这一准确意义上的全知全能，他们将自己既设定为当代世界一切机构的准科学权威，又充当着人类心灵巷道的道德向导。我们在此处的情节中所看到的狄更斯的叙述者则是在一种更有限的意义上的全知全能，他会充分利用视角的流动性——重点描写了气喘吁吁的行人和商铺中摇曳的煤气灯，疾步跑向乡野，邀请我们去看“从北面山脊的任何一点”“都能看到”的东西，然后潜回到街道上，加入人们的观览视角。与此同时，他在选择要用自己精心构思的比喻性语言加以描绘的场景时，不仅会去看那些场景本身，而且会看它在最终的改变过程中的情形。此外，他在这么做时，似乎不是从一个超然的、受保护的观察者的立场出发，而是从某个出自本能地参与了他正在观察的集体体验的人的立场出发。

观察的准确性令人印象深刻。此处对19世纪伦敦的雾分布在全城各处的细微差别的描述臻于完美。叙述者的全景视角从乡间——它在小说情节中被描绘成一个重生之地——那尚未被污染的雾，由外而里地穿过层层同心圆，移至城市边缘那带着黄色色调的雾，再到与恶劣天气中的现代洛杉矶颇为相似的市中心的那有毒的、褐色的和红黑色的雾。所有这一切都是通过相关术语和图像的饱满交汇，通过狄更斯在其即兴创作中能够反复达到的同义词的语义密度来完成的。（即使是伦敦城中心地带那在视觉上极为精确的“赭黑色”，也有可能是从手边的“圣玛丽·艾克斯”的铁制工具处富于联想地获取了它的赭黑。）

狄更斯还忠实地再现了被雾包裹的城市的视觉体验，这雾若隐若现，仿佛具有幽灵般的面貌——我们注意到，这一概念也出现在福楼拜笔下的巴黎，由小说主角的主观视角发出，而且正如我们将有机会看到的那样，它还渗透到了别雷的《彼得堡》中。不过，在狄更斯笔下，视觉的变幻不定很快就会变为一种主题的变幻不定。在将了无生气的伦敦描绘为“被煤烟熏黑了的幽灵”之后，叙述者继而描述了一个令人不安的幽灵世界。有生命和无生命的城市之间的对立从语源上提醒我们，这些是表面上为一种活的灵魂——生命——所居住的王国，又是缺乏生命的王国，但是，正如在别处一样，狄更斯在这两个似乎完全对立的范畴之间又会建立起意义不明的关联和对应性。雾气笼罩的伦敦如同一个鬼魂，下定不了决心让自己看得见或看不见；而依照事物的正常规律应当在夜晚而非白昼点亮的煤气灯也变成了幽灵，是

“夜游生物”，有着“一副没精打采而又满身晦气的样子”。

现在，鬼魂成了生与死之间的中间生物，在这一点上，它与此处的生死转换间的两个突出的生理性想象——窒息和溺毙——恰好达成了协调。窒息和哮喘当然是身体对于严重污染的直接反应（在这样的天气里，当代权威会警告患有呼吸系统疾病的人不宜外出），因而它们也许会被认为是这一段落的现实主义的组成部分。这一段结束部分的“规模巨大的黏膜炎”这一出人意表、骇人听闻的隐喻聚焦于这种呼吸困难的集体体验，也强化了黏液横流、模糊朦胧与杂乱无章这些概念——它们全都是狄更斯眼中的工业时代造就出的伦敦景象。包裹在城市中的规模巨大的黏膜炎与更加致命的、与溺水有关的呼吸不畅联系在了一起。整个城市都淹没在雾中（高大的圣保罗教堂的最后去处）的描述当然蕴含着贯穿小说始终的溺死的图景，这图景从第一场泰晤士河上的昏暗场景，一直延伸到小说结尾处罗杰·赖德胡德和布莱德利·海德斯通在渠闸处的死亡。无论是在水下还是在水上的窒息都是种内在的溺毙过程，于是，对于烟雾的那种又呛又喘的真实身体反应与烟雾是吞噬之海的比喻实际上是同步事件。

这一段的核心，也是狄更斯对现代城市最黑暗的想象的核心，是我们在其他语境中已作过讨论的太阳之死。在视觉的准确性与视觉的幻象之间再次出现了一种令人震骇的持续性。在陈述场景中，太阳多半都被那褐色及赭黑色的密密层层的烟雾有效地遮蔽了起来，或者，至少是失去了光芒。当它转瞬即逝地露出脸时，似乎是只苍白、扁平的圆盘，完全被剥夺了温暖和照耀世界的力量。但狄更斯利用其建立在一种假设条件基础之上的醒目形象来形容此情形，说它“好像就已经熄灭，变得扁平而冰凉”。在我看来，这似乎比那破败的日晷形象所具有的紧张滑稽之感更能唤起我们对于已经熄灭的太阳的更加严酷的想象：紧接着“就好像”之后的句子给人以光明正在宇宙中消亡的凛冽之感。也许正如迈克尔·科特塞尔（Michael Cotsell）所认为的那样，狄更斯将拉普拉斯（Laplace）的有关太阳终将冷却的“星云假说”

(nebular hypothesis）牢记在心，只是他已将之整合进了自己的诗意世界之中。[1]

很难说该如何看待这种世界末日的远景。它们自然会发生在一部富产喜剧元素的小说中，在这里，恶棍终将在适当的时候得到其公正的报应，而品德高尚的灵魂将会从此幸福地生活到老，为温馨善良的情感所包围。但是，除此之外，一部文学作品还是极其精密复杂的记忆装置。形象、观点和事件一旦被引入，哪怕是以一种暗示与事实相反之状态的虚拟模式，都会保留在文本世界的循环运行中。在狄更斯的想象中，笼罩在这座大城市上空的烟雾不仅是令人讨厌，甚至不仅是对城市居民的健康形成了威胁。田园牧歌始终是他构想事物的重要参考点，也就是说，在他看来，人与自然间的和谐相处至关重要。工业时代的城市导致了田园风光无可挽回的终结——至少是在狄更斯的理解中，尽管我们将会看到，弗吉尼亚・伍尔芙试图紧紧抓住某些田园景象不放。将大都会与自然隔绝开来的污染屏障因这样一种不祥的意识而变得密不透风：现代城市——凭借着它可怕的污染程度、它失控的有害废品的生产、它对于财富积累的疯狂投入——从最坏的可能性预测来看，对于人类在此地球上的生存而言，可能被证明是场不可逆转的灾难。

你必须承认，对于阐述狄更斯后期小说中的多个系列的转瞬即逝的形象的含义而言，这是种相当激烈的方式。我并不是在暗示说，这些灾难性的形象传达了他对于城市的终极“真相”的看法。他所在的时代，急剧扩张的伦敦是个过度拥挤的地方，肮脏的贫民窟遍地开花，唯利是图，人口骇人听闻，但正如他的小说所证明的，它也展现了自己的魅力：芸芸众生多姿多彩，充满勇往直前的旺盛能量。在 19 世纪 60 年代，人们很少采取步骤来缓和被狄更斯及其同时代的许多人看在

---

① Michael Cotsell, *The companion to "Our Mutual Friend"* (London: Allen and Unwin, 1986), p. 193.

眼中的那种渐渐渗入的生态灾难。但是，正是在这个时期，在欧洲和美国，城市规划正被付诸实践，公共公园及花园城市运动的先驱事实上正在形成之中，成为使城市空间更加宜居的手段。作家的职责不是提供其作品所呈现的世界的全景画面（尽管诸如巴尔扎克和左拉之类的小说家渴望这样去做），而许多作家都意在对这个大画卷中的最令人不安的部分报以特别敏锐的反应。20 世纪中叶的美国批评家 R. P. 布来克默（R. P. Blackmur）创造了"技术病"（techniques of trouble）这个词组来勾勒现代派中的这种癖好特色。后期的狄更斯始终保持着他那盛名在外的文思泉涌之势以及他描述逗笑和荒谬之事的鲜活生动感，但他对城市的隐喻性想象越来越变成了一种技术病。老年狄更斯之所以会对包括城市事物在内的许多事物都采取了一种较阴暗的看法，也许有其充分的个人原因，但所有这一切都意味着，他自身不断演进的情感状态会使他易于获取城市环境中的某种意义重大的信号，而在其他情况下，他也许会让这些信号不那么突出。通过他的隐喻的固有的原创性，他记述了一种深刻的认知：19 世纪如雨后春笋般迅速出现的大都会对于城市的存在性质构成了根本性的、令人不安的改变，城市的发展也许正在失去控制。

很难说他同时代的作家以及那些步他后尘的作家拾取了多少他这种令人不安的洞察。通常人们都认为，狄更斯对其他作家的影响力在于他那漫画式的奇异想象和讽刺文字，但也许这并不全面。正如我已经注意到的，陀斯妥耶夫斯基十分热衷于阅读这位与自己同时代的英国作家的作品，而《罪与罚》在炎炎夏日里闷热难当、臭气熏天的彼得堡那令人压抑到会患上幽闭恐怖症的场景，也与《我们共同的朋友》以及那个时代的所有小说中所描写的污染无所不在、垃圾遍地的环境有着异曲同工之处，尽管这些特定的小说实质上的共时性（陀斯妥耶夫斯基的著作比狄更斯的晚一年出版）表明，陀斯妥耶夫斯基只是与狄更斯有着极为相似的想象力，而不是借鉴了狄更斯的作品。《罪与罚》也体现了灾难观，尽管与其说这与此类城市有关，不如说是与工业制度、生活和思想的机械化以及理性主义者的革命意识形态有关。然而，发人深省的是，正如尤金·瑞伯恩必须经历真正的死亡和在乡村的重生那样，拉斯柯尔尼科夫也必须临近死亡之点，并在远离喧嚣城市的空旷辽阔的西伯利亚体验重生——就他而言，是表达明确的基督式的复活。狄更斯没有陀斯妥耶夫斯基那种在《福音书》的精神世界中的富于想象的寄托，也就未把城市说成是必须得让基督前来拯救的悲惨的《新约圣经》世界的现代化身。在他看来，至少是在他后期小说中的某些转瞬即逝却充满力量的时刻，受到经济和技术现代性促动的城市似乎只不过变成了一个黑暗的末日地带，而没有参考《圣经》中的榜样。在近一个半世纪之后，随着我们自己的城市区域被包裹在层层的有害烟雾之中，公路干线拥堵不堪，老城区饱受暴力和犯罪的蹂躏，从我们的优势地位看过去，至少是在某些时刻，就如同狄更斯这个富于幻想的现实主义者正在注视着他的时代的伦敦的未来似的。

第五章　别雷

——幻影城市

如果说西欧几个大首都在19世纪期间因其指数级的增长和现代技术的介入改变了都市体验的根本性质而变成了“新”城市，那么从这个角度说，彼得堡就是一个更严格、更彻底的意义上的新城市。1703年，彼得大帝下诏创建这座城市，因此这个欧洲国家首都是个经过精心规划的城市，这种有政治意图的行为被强加在了距波兰边境不远的涅瓦河沿岸的沼泽地上，因为沙皇意在使自己的国家西方化和“理性化”。（尽管其原名是圣彼得堡，或圣彼得之城，但一般俄国人的用法更现实地认定该城与沙皇而非圣徒有关，所以称之为彼得堡，安德列·别雷［Andrei Bely］在他的小说名称中沿用了这种说法。）许多古老城市的典型做法是，将曲折蜿蜒的羊肠小道改变为大街小巷，但彼得堡则不是这样，它像其他继之而起的规划城市一样，被设计成直线的网格状，有着宽阔的林荫大道或大街（别雷将以许多这样的几何术语为材料），沿路是庄严富丽的市内住宅及气势恢宏的公共建筑。彼得大帝请来了意大利建筑师特列辛尼（Trezzini）进行基础性的工作，而特列辛尼的想法是将这座有着纵横交错的运河网络的城市打造成北方的威尼斯，使之成为挣脱了中世纪俄国文化框架和本土建筑传统的全新的俄国首都。①与其他地方的城市规划有较多限制条件的工程一样，解放的、理性化的秩序的幻想并不会精确地按照规划者的梦想来实现。地处沼泽使这座城市常笼罩着黑云压城般的浓雾；迅速遭到污染的水使得任何饮用瓶装水以外的水的举动都变得危险重重（过去和现在都是）；而最为关键的是，伴随着人口的增长——在20世纪初，其人口数为150多万，而到了第一次世界大战即将爆发之际，已达221.7万人——惨不忍睹、拥挤不堪的贫民窟如雨后春笋般地纷纷涌现，正如

① 有关对于彼得堡在俄国文化中的理解的有用解说可见于迈克尔·霍尔奎斯特（Michael Holquist）的《圣彼得堡：从乌托邦城市到诺斯替宇宙》（St. Petersburg: From Utopian City to Gnostic Universe），《弗吉尼亚评论季刊》（Virginia Quarterly Review），第4号，第48期（1972年秋季号），第539～557页。

《罪与罚》的读者会形象地回想起来的那样。

在现在时常被指为极盛现代主义时代的20世纪初期的这段时间内，有三位作家在其引人注目的创新小说中，力图像传达真实人物的现实性那样传达某一特定城市的现实性：弗吉尼亚·伍尔芙的《达洛维夫人》对伦敦进行了想象；乔伊斯，为在《尤利西斯》中进行的一切创造了1904年6月16日的都柏林这一重介质；再就是安德列·别雷，他切实地将这座城市的名称用作了他的小说《彼得堡》的标题，就仿佛是这座城市是他真正的描写对象（从任何角度而言，都不及乔伊斯或伍尔芙的人物有意思），而不是任何个体人物。我要在一开始就说清楚，在我对这本书的讨论中，特别是将之作为“小说语言”这一更广泛的思考的一部分来讨论时，存在某种推测的成分，因为我不能阅读原文。可是，它与我正在探索的总话题的明显的关联性使我不愿意舍弃它，又因为它是一部对俄国文化轨道以外的读者而言相对陌生的小说，所以将人们的注意力拉过来使之关注它的特殊成就，或许也会带来某些益处。我在对待《彼得堡》不太那么忧虑的原因是，我可以利用由罗伯特·A. 麦奎尔（Robert A. Maguire）和约翰·E. 马尔姆斯泰德（John E. Malmstead）的严谨的翻译本，它对语言细节予以了细致入微的关注，还提供了长达60页的注释，用以说明许多俄国背景方面的内容，以及无法在翻译中加以传达的语言方面的内容。①无论怎样，我都应将我对别雷小说语言的讨论限制在诸如形象、特色、主题和观点这些在翻译中多多少少明晰可见的特征方面。

像伍尔芙和乔伊斯的小说一样，别雷的小说也聚焦于大都会中短暂的时间跨度（在他这里，这个时间跨度是9天，而不是像两位英语作家那样，时间的延伸不足24小时），其主导兴趣点在人物的意识，

---

① Andrei Bely, *Petersburg*, tr., annotated, and introduced by Robert A. Maguire and John E. Malmstead (Bloomington: Indiana University Press, 1978). 以下所有引文均出自这一版本。

而不是任何可能构成真正的情节展开中的事件。然而，别雷一再地彰显自己小说的技巧性质，这就比伍尔芙或乔伊斯更加断然地与现实主义小说的假设发生了决裂。他所使用的一些自反策略可追溯至像菲尔丁、斯特恩和狄德罗这样一些18世纪的自反小说的创作者那里：呼唤读者到场，进行了反讽性描述的章节标题，各式各样的印刷花招等。但这些持续暴露的小说的虚构性，是由一种构成现实性哲学主题的一次真正的交锋来推动的，而其悖论性的结果是，自反变成了一种新现实主义的工具。例如，下面是第一章即将结尾时叙述者的反思，当时他即将完成把我们引进他的虚构世界的启蒙运动：

> 在这一章，我们已经看到了参政员阿勃列乌霍夫。我们也通过参政员的儿子看到了参政员懒散的想法，而参政员的儿子的脑袋里也有自个儿的懒散思想。最后，我们还看到了另一个懒散的影子——陌生人。
>
> 这个影子非常偶然地出现在参政员阿勃列乌霍夫的意识中，于是便在那里短命地存在了一会儿。但阿波罗·阿波罗诺维奇的意识是影影绰绰的意识，因为就连他也是一个短命的存在的拥有者，是作者幻想的结果：可有可无、闲散无聊的大脑的游戏。
>
> 作者已经把幻想的画面挂得到处都是，真的应该尽快把它们拿下来，只要用现在这句话就可把叙事线索扯断了事。但作者不会这么做：他对此有充分的权利。
>
> 大脑的游戏只不过是个幌子。在这幌子之下的是不为我们所知的力量对大脑的侵袭。就算阿波罗·阿波罗诺维奇是从我们的大脑中杜撰出来的，可他将会千方百计地用另一种会在夜里发起进攻的惊人状态激发恐惧。阿波罗·阿波罗诺维奇被赋予了这种存在状态的属性。
>
> 一旦他的大脑淘气地创造了那个神秘的陌生人，那个陌生人就存在着，真的存在着。只要怀有这种想法的参政员存在着，他

就不会从彼得堡的大街上消失，因为，思想也存在着。（第 35～36 页）。

事实证明，小说的人物和形象是作者想象的投射——或者，你更愿意说是他幻想的精华——这一事实原来并非为艺术状况所独有的特例，正相反，它是大脑如何与现实相关联的典型例子。我们也许始终无法确定在我们大脑屏幕上四处游动的形象是否有存在论的基础，但只有通过大脑，我们才可以接近冲击着我们的一切。内在屏幕上的形象，无论是对外部世界的事物的忠实复制，还是有先入之见的，甚至是充满幻想的歪曲，都成了我们的现实，正如小说家的虚构那样，他挂得到处都是的“幻想的画面”变成了一种令人信服的真实，它指向了真实的历史世界（彼得堡，9 月 30 日至 10 月 9 日，1905 年革命的前夜）。按照别雷的理解，至少是存在着某种对于这些摇曳不定的思维形象的潜在恐惧。随着小说的展开，人们会越来越清楚地发现，这种恐惧既来自于迫在眉睫的政治暴力，也来自于彼得堡的都市体验的本质。

这种自反动态的两个普遍的方面不容忽视。尽管别雷极其敏感于这样一个事实：我们全都是我们编造的世界的精神画面的俘虏，但他并不是想促成唯我论。我们的生活中，“大脑的游戏”（他在小说的进程中会反复地提及这个词）从未间断，但它“只不过是个幌子”，因为大脑会不断地受到它外部的真实力量的狂轰滥炸，而对于这个世界，它无法真的彻底加以了解。其次，别雷有关大脑运作的自我意识没有在技术上将他引向乔伊斯和伍尔芙那样的对意识活动的言辞模拟，而是将他引向了一种对于意识活动方式的叙事性综述，有时是小说人物的视觉描述，这有点像刺进了头颅的隐形摄像机——颅骨结构在本书中十分突出，通常以一种明显的直观方式，追踪着在大脑中盘旋萦绕不已的形象和想法。

也许有些稍微令人吃惊的是，这一切都与作为小说主题的城市的本质存在着内在关联。你将会发现，在第一章这个结尾处的神秘的陌生人形象被明确无误地安置在“彼得堡的大街上”。反过来，那些大街又从小说开篇起便与城市那飘忽不定的虚幻性紧密地联系在一起。

小说开场白不是关于接下来出现的人物或事件的简短沉思，而是对于城市规划的简短沉思，它强调了主干道涅瓦大街的笔直划一及其彻头彻尾的欧洲式设计。与其他城市不同，彼得堡始于一个念头，这个念头随后被投射进三维空间中，所以在城市的真实本质与其制图表征之间存在着特殊的一致性，而这两者又反过来与构成城市的虚构技巧联系在了一起：

> 彼得堡不仅出现于我们眼前，而且实际上出现在了——地图之上，它的形式是：两个一环套一环的小圆圈，中间是个小黑点；正是凭着这个没有维度的小数点，它强势宣告了自己的存在：正是从这个小点开始，印刷本蜂拥群集而出。（第 2 页）

第二个一致之处可见于这些为接下来的许多内容创造了条件的线索——出现在线条一边的，是从一个抽象的、准数学的想法变成了一座真正的城市的彼得堡；出现在线条另一边的，是始于印刷页面上的抽象印刷符号的多层面的小说世界。别雷还早早地引入了群集（swarm）这个词——译者谨慎地在全书都将俄语的 roi 一词坚持翻译为这个英语等值词——它对于他的城市生活现象学的表达至关重要。别雷曾专攻数学，因而他在精心设计的主题结构（另一个典型的现代主义特征）中央放置的是两个彼此分担着逻辑张力的几何图形，而在此之上的，是第三个非几何的群集图形。直线网格是经过规划的首都城市的特征。它也是参政员阿勃列乌霍夫的精神生活的决定性因素，这位彼得堡的官僚梦想的都是无限伸展的方形、立方体和网格形，甚至连他的坐骑都是类似于立方体的马车，作为政府官员，他是个彻头彻尾的讲究机械合理性的动物，一心追求的是绘制无穷无尽的直线时的安全感。在直线网格的映衬下立着个球形，在别雷的构思中，它是天生不稳定的，有突然发生大爆炸的危险。这个球形与革命政治小组交给阿勃列乌霍夫的儿子尼古拉用以杀死其父的定时炸弹存在着关联。(这个弑父之举从未发生。像小说中其他执行不祥之举的努力一样——只有一个恐怖分子的谋杀是个局部的例外——正剧坍塌为闹剧，那枚炸弹所摧毁的不过是一大块石膏吊顶而已。）爆炸的球形也是意识本身的特征，因为它有着强大的离心脉冲，有跳出恒星空间并有可能失去控制的倾向。但如果这个球形从政治层面以及从头脑的动态的角度向彼得堡的直线稳定性发起挑战，这个群集作为一种现实的具体体现、一种难以控制的都市世界的特质，威胁到了规划城市。下面是第一章中群集的典型呈现，它出现在题为“潮湿的秋天”这一部分的开头。它还生动地举例说明了别雷描写城市的那种狂热的、明显令人不安的方式：

> 云朵群集成略带绿意的团块疾驰而过。略带绿意的群集不间断地从涅瓦河那一望无际的遥远之处冉冉升起；一个教堂的塔尖伸进了这略带绿意的群集之中……从彼得堡的这一边。
>
> 一条黑色的带子，一条煤烟的带子，从烟囱腾空而起，在天空中画下一道悲哀的弧形，然后，它变得越来越稀薄，最后消失在河水中。
>
> 涅瓦河因小轮船发出的尖厉的汽笛声而变得喧闹沸腾，尖叫不止，它将保护大桥桥墩的钢铁般的、潮湿的防护物撕得粉碎，然后吞食着花岗岩。
>
> 湿漉漉的石头堤防栏杆上方悬浮着烟煤的残渣，构成了忧郁的背景，在这背景的映衬下，立着尼古拉·阿波罗诺维奇那轮廓鲜明的侧影，他的双眼凝视着涅瓦河那细菌大批滋生的混浊河水。（第 29 页）

令人震撼的是，这座横跨于涅瓦河之上的城市，无论上下，都有着群集的景观——城市上空那翻卷搅动的、食尸鬼似的、略带绿意的大块云朵，以及从涅瓦河上冉冉升起的略带绿意的、大概是雾的瘴气。像狄更斯一样，别雷也在注视着被层层污染所包裹的城市，这个由悬浮的煤烟构成的“忧郁的背景”，但相对于将污染视为一种生态威胁，他更多地将它当作一种媒介，它定义着由人类感知构成的领域——此处，正如在许许多多的其他地方一样，这种感知属于叙述者而非一个特定的人物。略带绿意的雾和云的群集有效地否定了城市那自信满满的直线性。在彼得大帝的宏伟规划中唯一清晰可见的是圣彼得和圣保罗大教堂的塔尖，它刺向了自己所附属的那个堡垒的上方（在这方面，它与《我们共同的朋友》中的圣保罗大教堂的穹顶这最后一根稻草异曲同工）。“涅瓦河那细菌大批滋生的混浊河水”当然是对生活在它周围的人群的一种威胁，但别雷首先关注的似乎不是卫生问题，而是这样一个事实：即使是在城市中心地带，自然界也暗怀着一种污染，它的推手是那些无力与人类规划者的整齐端正的几何形设计相对抗的初始的、异质的生命。河流本身并未完全像狄更斯也许会做的那样被拟人化，但像个无形的原始野兽那样极其生机勃勃，沸腾着，尖叫着，吞食着城市的花岗岩基础。这种自然景象将在别雷的政治景象中找到关联，他不断地在那种政治景象中把即将到来的革命暴乱描绘为一个巨大的“多足动物”。

然而，别雷对于横跨涅瓦河之上的这座城市的描写最醒目之处却在于它显而易见的破碎特点，这与福楼拜的姻亲关系颇值得注意，虽然两者间有着重大的差异。小说（大多数是仿作）中露骨的文学暗示在 19 世纪的俄国作家（普希金、果戈里、陀斯妥耶夫斯基和托尔斯泰）那里占尽优势，但我们有理由推测，别雷像许多其他的俄国小说家一样，也是福楼拜的殷切读者——包括《情感教育》。别雷笔下的破碎感觉之所以有所不同，是因为它通常不是对一个特定人物的有限的、受到阻碍的观察的模仿再现，尽管确实存在一些这样的特殊例子。别雷始终不断地向18世纪的自反小说模式频频招手致意，因而大体上会使用一个叙述者，这位叙述者招摇地将自己塑造成位于读者与小说所呈现的世界之间的中间人。所以，在我们的这个段落，正如通常在本书的其他地方一样，城市的破碎视角是属于叙述者的。在某一方面，这加大了支离破碎的砝码。当《情感教育》中的弗雷德里克·莫罗只能接受一连串转瞬即逝的形象时，我们也许可以合理地把他看作普通市民那一类人，但还有一种可能存在：他漫无目的的视角是他作为城市中的不羁灵魂的人物功能，是种飘浮在欲望潮水之上的意识，孤立于自我迷恋之中，因而无力清晰或平衡地去观察自己周围的现实。在别雷的笔下，叙述者一再呈现的彼得堡的破碎景象表明，存在某种天然对抗涉及城市本质的全面观察的东西。从水面升腾而起的雾不只是一种气象学现象，而是这种城市现实的典型体现。即使是一位有特权的观察者，也就是叙述者，在那略带绿意的群集之中，他的眼睛也只能分辨出煤烟构成的黑色带子、塔尖的顶部、一双凝视的眼睛；在别的地方，在描写街头的人群时，是有着“无数只脚”的无定形的动物、“随意漂浮的沉淀物”、“一团黑色幻影”的组成部分（第179页）。当叙述者早早地评论说，“彼得堡的街道拥有一种无可置疑的品质：它们会把路人变成影子”（第22页），这时，别雷的彼得堡便与狄更斯的伦敦和福楼拜的巴黎并驾齐驱了。影子这个词事实上会不断地重复——麦奎尔和马尔姆斯泰德告诉我们，俄语的ten'在语意上具有阴影、影子和幻影等多种意思——而别雷有无穷无尽的资源可用来描述那一片铺天盖地的昏暗之中的闪闪烁烁、明灭不定的光线的性质：

> 一道光线飞逝而过：一辆黑色的马车飞逝而过。路过的窗户的凹陷处挂着惹人厌恶的血红的灯笼，就仿佛它们浸透了鲜血似的。它们在莫依卡河的黑色水面上闪动着、摇曳着。一个士兵的船形帽的若隐若现的轮廓，以及他的厚大衣的两襟的轮廓，随着光线的明灭，时而从雾中飘出，时而又飘入雾中。（第33页）

若隐若现的城市是个恐怖的、而且也许还有些肮脏的去处。在别雷的笔下，即使正如这样简短的引述所暗示的，它还是一个被精心地赋予了审美性的地方：那透过迷雾闪烁不定的红色是小说中一再出现的色彩主题，与革命暴力密切相关，它与四处弥漫的瘴气般的惨绿色对抗；还有反复出现的黄色条块，它们与一种东方主题联系在一起（既是装饰风格，也是1905年的俄国的政治威胁）；在两个地方，我们看到了落日景象，其中，浓墨重彩的阳光发出的宝石般的火花使越来越暗的城市景观整个地燃烧起来。但如果说别雷利用色彩来给予自己的小说以具有美感的形状和主题定义，那么对于他的都市体验的场景来说必不可少的，是他对于断离的形象——特别是身体部位和局部衣饰——坚持不懈的使用，而不是连贯一致的描绘。尼古拉·阿勃列乌霍夫那双位于堤防栏杆上方的凝视的眼睛是《彼得堡》中感知人性的典型方式——就叙事者让我们所见到的而言，他没有身体，只有眼睛和（在下一段中）一条穿着套鞋的腿。在描写这双眼睛的段落所叙述的时间的几分钟后，尼古拉站在了一座铁桥上："什么也看不见。在那湿漉漉的栏杆上方，在那病菌滋生的发绿的水面上方，只有一顶圆礼帽、一根手杖、一件大衣、一对耳朵、一只鼻子和一撮被涅瓦河的阵阵疾风吹拂的胡须。"（第35页）这一叙事程序当然是侦探小说的悬疑制造机制，别雷对此的兴趣与狄更斯一样大。（侦探小说对于现代城市的适宜性值得注意：在现代城市地带，总有一些威胁性的力量在运作，总有潜伏的危险和黑暗的奥秘有待解决。）在1905年的彼得堡，有许多绅士会拿着手杖、戴着圆礼帽在大街小巷穿行漫步，但文中提到的那个被尼古拉勉为其难地当成一个零件组合的留胡子的人，将会在书中扮演一个邪恶的角色。这种坚持用身体部位来代替整个人物的做法可能恰好是个实例，说明别雷会将托尔斯泰的一种技巧推向极致（人物与身体特色的关联，例如卡列宁的招风耳），正如他对于托尔斯泰的其他方面所做的那样。此处的碎片有种想要完全借用的令人不安的倾向，因而会让人联想到景象本身的重要性。[①]

一个未被完全看清的转瞬即逝、支离破碎的形象很易引起观察者的焦虑甚至妄想，他毕竟想要知道自己真正看到的是什么，他必须面对的是什么。这样一来，它恰如其分地为一个由隐晦的政治阴谋构成的故事的宗旨提供了服务。但它也是现代城市空间中的感知标志，而别雷时常将这支离破碎的形象与街头景象和人物联系在一起。下面就是个典型的例证。段落中那个无名的“他”还是尼古拉：

> 在川流不息的人群之中，那个陌生人正随波逐流地走过，或者更应当说，正一脸惶惑地从他被挤到一辆马车上的那个十字路口漂走，那马车上，有只耳朵和一顶高帽子在瞪视着他。
>
> 他以前见过那只耳朵！
>
> 他拔腿跑了起来。
>
> 当他从只言片语的谈话中穿过时，捕捉到了其中的一些片断，由此构成了一些句子。
>
> “你知道吗？”这话是从右边的某处发出的。然后消失了。
>
> 然后又冒了出来：
>
> “他们正计划……”
>
> “要扔……”（第 15～16 页）

接着这段支离破碎的对话的内容，显然指向了刺杀阿勃列乌霍夫参政员的阴谋。透过强烈干扰听到的对话具有贯穿小说破碎视觉领域的完美的听觉意义：那个据推测是尼古拉的偷听者只能分辨谈话的只言片语，而当它们传入他的耳朵时，词组获得了杂乱的、模糊不明的扩散。俄语读者证实，别雷是个出类拔萃的、在音乐方面具有独特风格的作家，但很显然，这支曲子没有旋律上的连续性。听觉和视觉空

---

① 我要感谢我的同事艾瑞克·奈曼（Eric Naiman）唤起了我对此观点的注意。

间都太过拥挤——有众多的“只言片语的谈话”——而且观察者周围的一切都是流动的。尼古拉突然认出的耳朵实际上是他父亲的，这对像壶把一样支棱着的耳朵的主人数次以讽刺的方式出现在小说中。这只非同寻常的耳朵坐落在一顶高帽子而不是圆礼帽之下，是因为更为正式的帽子是作为高级别官僚的参政员服饰的组成部分。与尼古拉对自己的父亲在情感上的疏离这一重要情节相联系的，是观察者与被观察者在知觉上的疏离，这正是城市现实中人际关系的令人震惊的例子：年轻人正看着那个与自己具有最亲密的血缘关系的人，可最初看到的却不是一个完整的形象，而是令人困惑的破碎画面：一只耳朵和一顶高帽子，随后，那只怪模怪样的支棱着的耳朵才让他作出了正确的、也是令人烦恼的认定。

让我来对别雷小说那别具一格的语言的构成成分作一个暂时性的概括。小说叙事可在迫不及待地有效利用虚构性之时对其自身的虚构性加以反思，这样一种开始准许人们可就虚构世界以及据称要加以呈现的真实世界的状态提出一种双重的存在论的审问。至于对城市的表现，这双重审问中的第二种具有决定性的影响。别雷当然并不是想质疑是否存在一个真实的彼得堡。不过，他的整个的小说进程传达的是一种强烈的感觉：这是个新的城市类型，它代表着人类共同体与个体意识间的问题重重的关系。作为一个抽象概念的产物，它不是一个通过漫长的历史发展过程而有机地成长起来的地方，尽管它确实如别雷在几个意义重大的段落中所暗示的那样，在历史上留下了它相对短暂的运行轨迹的烙印。作为现代都市存在的可怕密度的突出的俄国例证，它被呈现为一座由川流不息的人流中没有面孔的人群构成的剧院，在这剧院中，孤独个体埋头向前，全无浪荡子的舒适与安泰，这些个体从来不确知什么是幻想，什么是现实。在这种联系中，由福楼拜鲜明展开的小说描写的自由性发挥了关键的作用，为了呈现感官刺激对意识的断续冲击，它宣布放弃持续的整体的描述。无论观察者是小说人物还是叙述者，在这个烟雾笼罩的城市世界的流动中能够分辨出的只有一只耳朵、一双眼睛、一撮胡须、一顶帽子，而他不得不猜想或是不由得要害怕隐藏在这些分离的成分背后的东西。于城市人群中瞥见的那些支离破碎的形象也许是一张面孔或一副面具的组成部分，因而有一种主题上的适宜性存在于这样一个事实中：假面舞会在《彼得堡》中像在《情感教育》中一样扮演着重要的角色（尽管别雷没有像福楼拜那样，对假面舞会的实际经验予以动态的描绘）。

从现象学的角度看，传统城市是住宅的扩展。作为庇护所和家庭生活的基本结构的住宅有可挡雨、挡雪、挡太阳的屋顶，有可挡风、挡邻居的围墙。从理想的角度上说，城市就是服务于这些目的，服务于相互关联的住宅构成的共同体，而围绕着古代及中世纪大多数城市的城墙更加强了这种稳如泰山的庇护所的感觉。别雷的彼得堡像福楼拜的巴黎一样，呈现为一个街道多于房屋之地，更值得注意的是，它是个由开开关关的房门构成的地方。这里的一切都是在过渡的过程中被想象的——家庭，历史，政治，还有最为重要的，即意识本身。下面是叙述者对尼古拉穿过门道的经历的评论：

> 时不时地，在穿过入口通道的外门走向内门时，某种奇怪的、相当奇怪的状态会突然向他袭来，仿佛门后的一切都不是它们本身，而是某种其他的东西。门后空无一物。假如门被猛地打开，那么它就将猛地开启宇宙那无边无垠的无穷空间，唯一剩下的东西将会……猝然地仓促向前，在零下273度的大气层中飞过星辰和行星天体。（第164页）

越过一道门槛就进入恒星空间，或进入一道深渊，这种突如其来的冲动意识是典型的现代派步骤（尽管正如我们所看到的，在狄更斯的隐喻中，偶然会有某种对这一种突发奇想的景象的暗示）。你也许会回想起《尤利西斯》有关伊萨卡岛那段了不起的章节里，从利奥波德·布卢姆的想法和谈话通向无边无际、星光璀璨的旷野的突然跳跃——事实上是处于绝对零度的外太空，在那个温度下，将不再有运动的可能。《彼得堡》中许多动态的在扭曲与无望中转变的体验都在此处有所涉及。因此，在第 6 章开始部分，我们得到了一个简短但重要的注释，说明那位预示着灾难的革命者杜德金（Doodkin）在早晨醒来时有着何种感觉："那种半睡半醒间的过渡状态就仿佛他正从五层楼的一扇窄窗中跳出去。种种感觉正在打开一道裂缝：他正飞进那道裂缝。"（第 169 页）后来，在写到利潘琴科（Lippanchenko）被人从后背刺穿后从生到死的过渡阶段时，小说对意识的过渡状态提供了最为壮观的描写。由于别雷对于源于神秘信仰的背景的信仰，这段文字古怪而又有趣地呈现为一种意识的扩展："意识那大得吓人的边缘将众星球吸入体内，感觉它们就像是互不相干的器官。太阳在扩张的心脏中游弋，脊椎因土星团块的触摸而炽热难当：一座火山在他的胃中喷发。"（第 263～264 页）

有几个不同的想法被牵扯进了这种关于剧烈的过渡状态的专注思考。别雷将意识视为天生不稳定的东西，易于受到破坏性的扩张或收缩的影响，就像恢复了原状的爆炸球体的形象那样。历史同样参与了这种不稳定性，正如小说对于日俄战争惨败后以及 1905 年革命前夜的场景描写所提醒我们的那样。最后，将小说安置在一座现代都会城市的举动唤起了一个集体空间，它既是过渡性的具体体现，又培植了过渡性。彼得堡被视为对于俄国历史传统进程的具有政治意图的破坏。作为一个过渡的滋生地——包括革命那暴力的政治过渡——它导致了一个由相互孤立的个体构成的"群集"，在其中，任何自信的稳定感都会被都市体验那变动不停的断续性所推翻。涡旋般的、模糊的不稳定的烟雾成了城市生命结构苍白的、病态的映照。

《彼得堡》是部视觉敏锐的小说，所以它对于现代城市中那突如其来的破坏的普遍感知被不断地转化为引人注目的视觉想象。这座 1905 年的大都会是我们讨论的城市中最早被电灯照亮的城市，而别雷在好几处都唤起了我们对于电灯单纯的开与关的突然性的关注，这与它的煤气灯祖先相对的渐次性形成了鲜明对照。因此，那个担心尼古拉给自己戴了绿帽子的利胡金少尉（Lieutenant Likhutin）在做出闹剧一般的自杀努力之前，在他的公寓中踱着步子，使劲地将灯一一关掉，心里想着，电灯与他婚姻的惨状间不知是否有什么特殊关联：

> 这桩令人恶心的事情与电灯之间到底有何关联？这种关联感就像身穿墨绿色军装的少尉那消瘦、悲哀的身影与似乎是用沉香木雕刻而成的、气人地留着山羊胡子的脸之间的关联那样少得可怜。根本没有关联。除非是在镜子里……
>
> 开关“咔嗒”一声，将那个男人连同他的姿态都投入了黑暗之中。也许这并不是利胡金少尉？（第131～132页）

一面镜子——别雷对它们的喜爱就如同他的仰慕者纳博科夫（Nabokov）将会做的那样——提供了一个可被感知为不同于自我的那个自我的形象。通过电灯开关的按动而突然陷入黑暗之中，是一种对视觉领域的剧烈破坏，是对那个站在视觉领域中的、坚持不懈的人的自信心的摧毁。因此，别雷的小说提出了一些有关自我的持续性问题，与差不多同时的普鲁斯特一样，以一种更加沉思的方式。关灯与通奸之间并无因果关联，尽管也许关灯会使少尉下意识地想到通奸的“暗中之举”，但它确实透露了某种类似于猝然打破身份的东西：穿着墨绿色军装的威风凛凛的军官被他的妻子及其情人贬低为（至少他是这么担心的）一个可怜巴巴的滑稽形象，或者变得什么也不是，完全被黑暗所吞噬。

别雷运用了照明及其熄灭的突然性和不确定性，而且范围广大，如利胡金这一例子中的那样，从令人焦虑的喜剧场面到邪恶的悬疑等。下面是杜德金这个未来的革命者在一种电影的、实际上是希区柯克式的场景中，在他的供膳寄宿处的楼梯上点燃一根火柴时的情形。（你也许会想到瓦尔特·本雅明在其有关波德莱尔的文章中讨论现代都市体验时所提及的，火柴的发明是某种对塑造不连贯感受的新模式有所贡献的东西。）20 世纪 20 年代初期，就在别雷即将完成小说修订之时，他极有可能接触到某些引人注目的无声电影的佳作（包括俄国的和德国的），但我们无从知道他是真的受到过电影技巧的影响，还是只是直觉地预期了它。

扔下一根点燃的火柴后，他向栏杆外倾出身去，心惊胆战地朝那里望过去。栏杆的栅栏亮了起来。借着闪烁的灯光，他可以清晰地辨别轮廓。

原来那是马克蒙德（Makhmoud）那家伙，就是住在地下室的那人。在跌落的火柴的光亮的照耀下，马克蒙德正与一个长相普通的矮个子家伙交头接耳地说着什么，那人戴着一顶预料之中的圆礼帽：他有张东方人的脸，长着鹰勾鼻子。

火柴熄灭了。（第 202 页）

火柴融合了电灯的突然性与蜡烛的闪烁特性，明白无误地凸显了与这部小说如此密不可分的瞬息片段所造成的闭塞感觉。假如光线的明灭是对视觉经验的突然破坏，别雷有时还会将照明本身——无论它是电灯的耀眼光亮，还是闪光灯的频闪，抑或是摇曳的烛光——视为一种暴力行为。最令人震惊也最恰如其分的是，我们应邀在接下来的部分看到了利潘琴科在被谋杀之前到自己的卧室时拿着的那根蜡烛："蜡烛照亮了房间。原有的漆黑被撕裂开来。黑暗的破片围绕着一个燃烧的、摇曳生辉的中心点的边缘旋转着；在由物体投射而成的阴影构成的黑色楔形之外，有个人影，一个巨大、阴暗、肥胖的男人。"（第 261 页）那个高大肥胖的人是利潘琴科自己，他的影子正变成了与自我分离并被感知为他者的自我形象，就像少尉镜子中的那张长着山羊胡子的脸。

在有关世界末日的沉思默想之中（小说为此奉献了相当大的空

间），这种对于突然的断裂的普遍理解被投射在了历史的平面图上。这种末日想象与我们在狄更斯那里看到的大不相同，这不仅是因为狄更斯的世界末日不过是包含在一个喜剧框架内的转瞬即逝的一瞥，而且因为别雷的世界末日与其说与环境的命运联系在一起，不如说与政治和文化命运密不可分。俄国在一个新兴的亚洲力量手上的惨败以及迫在眉睫的暴力革命使得叙事意识和几位小说人物都担心，全部的欧洲文明即将被灾难性的破坏所吞噬。此处是叙述者对于尼古拉有关他一直深信不疑的可怕炸弹的沉思的描述："一切，一切，一切：这阳光照耀下的灿烂景象，这墙，这身体，这灵魂——一切都会化为灰烬。一切都已经在坍塌、坍塌，剩下的将是：神志昏迷，深渊，炸弹。"（第157页）在小说的前面部分，叙述者采用了一种受普希金启发的、使青铜骑士振作起来并在俄国的土地上纵横驰骋的呼语形式，用"启示录"的语调描述道："将会有次历史的大跨跃。骚动将是巨大的。土地将会裂开。群山将会被灾难性的地震掀翻……地生动物将再次沉入海洋的深处，变为混沌、原始，并被长久地遗忘。"（第65页）

别雷的历史灾难观极具想象力，但我认为，它并不全是连贯的，而他似乎犹豫着自己该对这一点说些什么。小说那略显古怪的结尾段落，无论怎样都提供了一些关于从现代欧洲城市彼得堡这个制图点播散开去的、不断扩大中的文化含意圈的看法。弑父情节已分崩离析；尼古拉疏远的双亲勉强地达成了和解；老阿勃列乌霍夫从政府部门退下来，变成了个步履蹒跚的虚弱老者——而尼古拉则遍游东方，在埃及待了两年，在那里让自己全身心地投入业余的研究工作。我们瞥见他对着狮身人面像陷入深思（当然，索福克勒斯版的斯芬克斯与尼古拉差点儿重复了其命运的俄狄浦斯关系密切）。埃及和狮身人面像立于我们文化的模糊不清的发源地，但它们又与在西方得到演进的理性主义传统有所不同。在这个近东的语境之下，康德（Kant）——小说中的欧洲理性思想的榜样——"遭到了遗忘"。尼古拉的故土城市在小说家看来是个绝佳的例子，可说明一种通过意志行为将理性的秩序强加于历史的冥顽不化之上的努力。别雷那阴郁的观点是现代主义黑暗面的强有力的例证，在他看来，这项自负的城市规划不可能合为一体。它是试图容纳一种抵制容纳的破坏力量的努力。它是对于一种已经让自己得到发扬光大的欧洲理性信仰的集体执行。《彼得堡》的特殊的结论性注解同时还表达了一种文化枯竭感和对宇宙毁灭的预期，而就这点而言，它参与了许多重要的现代主义著作关于欧洲文化命运普遍的启示与沉思。对着埃及狮身人面像那岩块剥落的不朽塑像陷入深思的尼古拉不由得反思："文化是只朽坏的头颅：它里面的一切都已死去，什么也没有留下来。将会有场爆炸：一切都会被扫荡一空。"（第 292 页）这些当然是一个遭受了挫败的人物的忧郁思想，他在自己流产的革命行动之后，失去了前进的方向，踏上了漫无目的的航程，就像《情感教育》结尾处弗雷德里克·莫罗所做的那样。这座城市就是他失败的化身，是关于毁灭的邪恶幻想和不祥展望的摇摆不定的幻影。小说始于涅瓦大街和城市的直线性规划，终于向乡村的撤退：在父母双亡之后回到俄国的尼古拉隐居于他们位于乡下的庄园之中，"沮丧而怠惰地"在林间走来走去，将彼得堡和它所代表的普罗米修斯式的历史伟业永远地抛在了脑后。

对于即将发生的历史灾难的普遍忧惧和对文化枯竭的感知都标志着别雷的现代主义瞬间，或者，至少标志着在他的小说中得到生动反映的现代主义的明显消极的方面。但引起我们对于《彼得堡》大量关注的，还有一种位于由人类设计和技术所构成的现代城市与一种作为由自我意识的、有时是破除旧习的技巧的创新集合的现代小说之间的特定联系。这意味着，这部小说连同忧郁的情绪和历史悲观主义一道，时常表现出一种慷慨激昂之情，至少是在它玩弄技巧时，这对莱热（Léger）、蒙德里安（Mondrian）和一些意大利未来主义画家的绘画作品中有关现代城市现实的丰富表现、哈特·克兰（Hart Crane）的诗歌作品以及现代主义运动中的其他许多事物来说，它是一位很少公开承认的远亲。别雷将城市视为幽灵般的、威胁性的、迷失方向的，但也将之视为一处享有特权的“大脑游戏”的竞技场，具有由此带来的想象的乐趣。大约与此同时，在数百英里之外的西方，弗吉尼亚·伍尔芙和詹姆斯·乔伊斯正在探索把小说空间中的现代城市作为一种想象中的活动场所来呈现，但在格调上和技巧上既有所不同又互相关联的可能性。

第六章　伍尔芙

——都市田园诗

从我们迄今已讨论过的小说来判断，现代大都市似在焦虑（angst）、疏远（alienation）和失范（anomie）等方面都获得了三 A 评级，而如果你想想在整个欧洲范围内存在的这些城市病态，就会发现由这押韵的三重词构成的三语表达中存在某种适当性。这种对于城市的悲观看法并不只是作家私人困扰的反映（尽管事情往往如此），因为有大量证据表明，虽然在整个 19 世纪以及 20 世纪初期，城市空间出现了前所未有的人口激增，却极少有与之相匹配的集体能力来有序地安置空间，使之成为对个人和社群都富吸引力的居住地。在我们 20 世纪依然存在的城市犯罪、拥挤和脏乱、交通以及污染等方面的问题都表明，我们还远未在这一历史僵局中找到自己的出路。

但是，大多数生活在大城市（包括我们迄今已从小说的视角考察过的三座城市）的人都可能得出这样的结论：这些悲惨可怕的景象代表了一种相当片面的观点。新兴的大城市也是令人兴奋和振作之地，可诱发都市人的勃勃生机。这种有关城市的乐观感觉也许会因宽阔的林荫大道、优美的公园和其他进步的城市规划的体现而有所加强，但它主要是城市生活极其丰富的多样性的结果，在这样的城市生活中，人的类型、时尚、商品、交通工具、建筑和文化活动都丰富之至且变化多端。就如在绘画中有一种现代主义对现代都市存在的令人激动的节奏作出了激情四射的反应——莱热和蒙德里安这样做的方式完全不同——在现代派写作中也有一种风潮，它记录的是一种肯定感，这与批评家经常性地与现代主义联系在一起的苦闷和灾难的主题大不相同。这种现代主义中的肯定性趋势在小阿尔福雷德·阿佩尔（Alfred Appel Jr.）的《庆典艺术》（*The Art of Celebration*）中得到了全面而清晰的描述，这位批评家的颇具感召力的散文与他所欣赏的作家、画家、雕塑家、作曲家、爵士音乐家的激越之情相匹敌。[①]阿佩尔并未对弗吉尼亚·伍尔芙予以特别关注，《达洛维夫人》中呈现的伦敦是现代派庆典

---

① Alfred Appel Jr., *The Art of Celebration* (New York: Knopf, 1992).

艺术的鲜明的文学例证。

我说这番话绝非是在暗示，伍尔芙应当被视为一个愉快的乐观主义作家。她笔下的魔鬼尽人皆知，这些魔鬼在《达洛维夫人》中十分明显。它们在此处的主要位点当然是赛普蒂默斯·沃伦·史密斯（Septimus Warren Smith）这一形象，他不仅是克拉丽莎·达洛维（Clarissa Dalloway）的第二自我（这可通过她在自己的社交聚会上听说他自杀的消息时的举动得到本能的识别），也是伍尔芙本人的第二自我。小说家那阵发性的极度忧郁，再加上令人饱受折磨的超级敏感和自杀冲动，都转移到了这个世界大战的年轻退伍军人身上，成为他那创伤性战场经历的历史背景。

战争造成了无以言表的伤痛，战争结束五年后的伦敦在书中则被视为复兴之地。在1923年6月，这个五年后的阳光灿烂的日子，刚刚从印度回到伦敦的彼得·沃尔什（Peter Walsh）注意到，“人们看上去大不相同了”[①]。变化无处不在，体现在对于公众行为、穿着、人们所记述的事情等旧习的漫不经心的嘲弄中。哪里都没去（你也许会说，除了于1919年大流感期间染病在身时，她曾到过死亡的边缘）的克拉丽莎·达洛维，对变化的兴趣要小于对记忆的兴趣。小说在短暂地提到克拉丽莎走出家门去买花并正在为自己的社交聚会做着其他准备后，故事事实上始于从1923年闪回到19世纪80年代的记忆，当时，克拉丽莎还是个住在鲍尔顿乡下宅子中的18岁姑娘，站在敞开的法式窗户边，处于正徐徐展开的生活的危险与兴奋的边缘。这种现在与过去、城镇与乡村的相互交织从一开始便为一种想象模式营造了一个可能的框架，回顾一下18世纪的一种众所周知的诗歌体裁，我应当将这种想象模式称为都市田园诗。对于伍尔芙而言，这首先意味着，具有鲜明丰富的特异性的都市体验，可以提供欢欣鼓舞、与周围环境和谐一致

---

① Virginia Woolf, *Mrs. Dalloway* (New York: Harcourt Brace Jovanovich, 1981), p. 71. 以下所有引文均出自该版本。

的感觉，从而着迷于传统上与田园的绿色世界联系在一起的审美新发现。克拉丽莎记得自己徘徊于法式窗户的旁边，望着花，望着树，望着袅袅升起的烟雾，还有随着波浪般的节律而上下翻飞的白嘴鸦，而这是在伦敦的六月天她将一再感受到的。按照一种电影错接镜头（faux raccord）的方式，她现在出现在马路边，正打算过街，就如她曾经徘徊地站在敞开的窗户边那样。

像别雷的《彼得堡》一样，这部小说也非常关心跨越门槛的问题。不过，在别雷那里，正如我们所观察到的那样，过渡的体验令人非常困惑，甚至使人感到恐惧。在伍尔芙这里，门槛后的东西可能也让人害怕——18岁的克拉丽莎觉得“有什么可怕的事即将发生”（第3页），而在书的相当靠后的地方，赛普蒂默斯切实地从窗口跳下，奔赴死亡。但这部小说中的那纵身一跳——可能甚至对于赛普蒂默斯也一样——被想象为一种机会，跳入令人兴奋的现实生活。因此，我们获得了第一幅特有的伦敦画面，其中，克拉丽莎显然还站在马路边，大本钟正在报时，这是对街道和周围的一切那澎湃的活力的大胆的庆祝：

> 只有上天知道，为什么你会这么爱它，你怎么会这样看它，拼凑它，建构它一次，毁掉它，重建它，使它时时刻刻充满新意；但那些穿着最为邋遢的女人，那些坐在门口台阶上的最垂头丧气的悲惨之人（酗酒是他们堕落的罪魁），也在做着同样的事；她明确地感觉到，议会章程也拿他们没办法，只因为：他们热爱生活。在人们的眼中，在或大摇大摆、或沉重艰难、或缓慢吃力的步履中；在吼叫和喧嚣声中；马车，小汽车，公共汽车，货车，身前身后都挂着广告牌的蹒跚而行的人；铜管乐队，手摇风琴；在凯旋中，在叮当声中，在从她头上飞过的一架飞机发出的奇异的高歌声中，有她所爱的一切：生活，伦敦，六月的这一刻。（第4页）

很难想象在其他的小说中，最简单的指示词——这，那，现在——被赋予了如此富于主题性的重要意义。在开头部分的这个“六月的这一刻”径直指向了全书那著名的最后一个句子，那时的情形是，在显示了她全部个人品质的社交聚会中，彼特突然对克拉丽莎产生了兴奋的感觉，“她就在那里”。（第194页）作为源源不绝的活力之泉而存在的伦敦，令人心驰神往，它如潮汐般有力地搏动——在其他地方，波浪的形象是一个清晰明确的隐喻对比，但在此处，它只是隐含在散淡的文字构成的单纯节奏之中，“在或大摇大摆、或沉重艰难、或缓慢吃力的步履中；在吼叫和喧嚣声中”。但值得注意的是，在本书中，意识与都市场景间的互动于我们在福楼拜和别雷那里所遇到的存在着巨大的差异。尽管别雷有一些意识上的观念通过他所谓的“大脑游戏”从某种角度形成了它自身的内涵，但他与福楼拜一样，都感到城市赋予意识以一种过于丰富的、转瞬即逝的刺激，这些刺激可诱发某种迷失感，将观察转变为幻景或幻觉，而且他的“大脑游戏”似乎不大涉及刻意的诗意结构。在《达洛维夫人》中，那种精神困惑的状态仅属于赛普蒂默斯，而他毕竟是个精神错乱的人。小说中的两个主要的意识核心，克拉丽莎和彼得，都有这样一种意识：大脑正在用世界给予它的材料来构筑周围的世界，“拼凑它，建构它一次，毁掉它，重建它，使它时时刻刻充满新意”。在《情感教育》中，作用于意识的大多是处于不断运动中的捉摸不定、各式各样的城市现实。在《达洛维夫人》中，意识将这一切都聚在了一起。这对于伍尔芙这样抒情性内心独白技巧而言是非常合理的。这也解释了为什么小说主人公非但没有感到困惑或为城市场景所疏离，反而为它所欢欣鼓舞。这一前面的段落小小地展现了一下大脑对所获得的感官数据的整合工作，当头顶上的飞机的嗡嗡声被描述为“奇异的高歌声”时，它通过语言的选择而与铜管乐队和手摇风琴的乐声协调地结合在了一起。都市场景赋予了意识以过多的材料，而意识通过将其构建为各种各样的模式的举动，感到为自己所接收到的东西所充实，而不是被它吓破了胆。

正如我们在福楼拜和别雷那里看到的，城市大众和城市居民可能会强化个体中的孤立感，如果把这种孤立感推向极致，就会变成唯我论或妄想狂的初期症状。这种被从有意义的人类关联中切割出去的感觉在叙事模式中找到了一个适宜的媒介——它由福楼拜所初创——这一媒介严格地以人物的意识为中心。《达洛维夫人》中的都市体验再现的特别有趣之处在于，它传达了孤立与关联间的辩证的相互影响之感。有关于此的一个令人愉快的例子是彼得·沃尔什对他在走过特拉法加广场时遇到的那位头戴康乃馨的年轻漂亮的女子的幻想中的追求。他喜气洋洋地将自己想象为一个身处外海的海盗，正在追踪一笔飞驰的财宝。你会好奇，这无害的偷窥癖的举动是否有可能受到了布卢姆这个人物的启发，在《尤利西斯》的莲花庄园（Lotus-eaters）的这一片段中，布卢姆对穿棕色丝袜的姑娘进行了挫败的臆想中的追求，《尤利西斯》这些章节的发表时间与伍尔芙阅读并开始写作《达洛维夫人》的时间大致相当。当那个年轻女子最终消失进一所房子之后，彼得痛苦但并不十分后悔地意识到，“它被扯得粉碎——他的乐趣，因为它一半是编造出来的，正像他清楚地知道的那样；对那姑娘的这一胆大妄为之举，是杜撰出来的，编造的，就如同你在编造生活更美好的部分，他想——编造自己，编造她，产生一种绝妙的乐趣，还有一些别的东西”（第 54 页）。这一由想象所指挥的内心剧场（人们多多少少都会经常地接受它的存在）给他造成的古怪的、也许还有点悲哀的震动在于，“这一切你永远无处倾述”。《达洛维夫人》的内心独白不断地将我们带至用隐喻和无处倾述的人际关系所构建的私人王国中，但是，小说也充满了分享的时刻，它们在克拉丽莎通过想象中的一跳来分享赛普蒂默斯的自杀的不可思议的体验中达到了高潮。伦敦不仅仅是个投射屏，而且是这样一种空间：在这里，相互牵连的生命让自己演至终场，在这里，现在和过去的集体体验都可被敏锐地感觉到。头戴红色康乃馨的女孩消失片刻之后，彼得对面前的场景以及它所传达的伦敦现实进行了反思：

> 这又是一个灿烂明丽的清晨。生命义无反顾地穿行于街道，如同一颗完美的心的跳动。没有笨手笨脚的摸索——没有丝毫的犹豫。那辆汽车飞驰而过，然后突然转向，精确地、准时地、无声无息地、恰逢其时地停在了那扇门前。那姑娘，穿着长筒丝袜，戴着羽毛，体态轻盈，但对他不是特别有吸引力（因为他已有过一次恣意的放纵），走下车来。令人赞赏的男管家，黄褐色的松狮犬，铺着黑白菱纹地砖的大厅，白色的百叶窗在随风飘动，彼得从敞开的房门望进去，对这一切十分称许。毕竟，伦敦，以它自己的方式，获得了辉煌的成就；这季节；文明。（第 54～55 页）

内心的剧场已移至门外。彼得从幻想家和偷窥狂一变而为可喜可贺的浪荡子。（尽管我一开始便宣布了浪荡子的死亡，但彼得始终是这一类型的鲜活例子。）在这个特殊的例子中，他所庆贺的是经过精心编排的文化仪式，或者用他的话来说，“文明”，它为这个上流社会的生活景象提供了观察者，里面有汽车和穿着时髦的年轻女子，有在体面的男管家打理下的铺着大理石地砖的宅第。大城市既是穷奢极欲的壮观场面的展现地，也是悲惨景象的呈现处，而尽管小说确实在几个地方窥视了悲惨可怕之处，但它显然更多地是由有产阶级在家中所臆想出来的，他们优雅的社交仪式有时透露了高尚的、共享的生活的可能性。（值得注意的是，这部小说所包含的伦敦地理范围相当有限，大多数地方都可徒步走过。）彼得想到那个有趣的明喻：“如同一颗完美的心的跳动”，完美地表达了他在注视着忙忙碌碌的城市街道时那种真实的关联感。这部始于从敞开的法式窗户望出去的外部景象的书籍在此处给了我们一个从外部通过短暂开启的房门望向内部的视角。后来，当彼得从自己的旅馆走向达洛维家去参加聚会时，他将看到一系列的敞开的房门，那是当人们离家去参加晚间活动时打开的。一扇敞开的门或窗不是一面镜子或一块屏幕，而是一个通道，通过它，你可以真切地看到某种有趣的东西。此外，这座城市还是处伟大的奇观，于五年后刚刚从殖民地回来的彼得怀着特殊的敏锐性体察到了这一点。

克拉丽莎对此奇观表现出了同样敏锐的欣赏之情——这是她与彼得最深层的密切关系——尽管在她这里，使这种欣赏之情得到加剧的不是移居国外形成的对照，而是她最近与死神的擦肩而过，因为，像彼得一样，她将伦敦与生命联系在了一起。由福楼拜进行了决定性的开创、后来又在各种相关的技巧中得到发展的叙事的内化，将小说人物即时的感官体验放在了得到再现的小说世界的前景之中。伍尔芙在《达洛维夫人》中所做的（也许比在她的其他任何小说中做得都多），以及乔伊斯在《尤利西斯》中以大致相似的方式所做的，是在即时的感官印象的重要呈现的基础之上，建构一个价值体系。在她对于死亡的再三反思与伦敦于这个六月天里的纯粹存在之间存在着一种关联，伦敦的光亮强度为有关死亡的阴暗想法提供了一种反驳：

> 她爱的就是这个，这里，现在，她眼前的一切；那个出租马车里的胖夫人。那么，这重要吗？她在走向邦德街时扪心自问，她必须无可避免地完全停止下来，这很重要吗？没有了她，这一切必定会继续下去；她怨恨吗？抑或，相信死亡是绝对的终止已变得不再令人安慰了吗？但是，不知怎的，在伦敦的街道上，在事物的兴衰起伏中，这里，那里，她幸存了下来，彼得幸存了下来，生活在彼此心中，她确信，她是家乡的树木的一部分；是那里的房子的一部分，那座丑丑的、事实上已七零八落面目莫辨的房子；是她永远不会遇到的人的一部分。（第 9 页）

通过人物的视角持续发生的叙事轻而易举地传达了人物被监禁在他或她的感知领域的局限中的感觉。别雷对于精神活动发生于其间的颅骨的一再重复的、令人不安的描写，为被意识的私密性所封闭的存在感觉提供了一幅鲜活生动的解剖学图像。对于克拉丽莎而言，世界那悸动的存在——“这个，这里，现在，她眼前的一切”——有力量打破不断记录并建构着世界的私人意识的藩篱。城市那波动起伏的生命韵律（与彼得的城市心脏的脉动相对应）承载着依旧活着的她，超越了她自己那无法逃避的死亡的境界，也超越了她自己的主观性的禁锢。所以，她在跨越幻想与存在主义启示的情况下，怀有这样的想法：她是自己周围的一切的组成部分，甚至是“她永远不会遇到的人的一部分”（这在她听说了赛普蒂默斯之死时，将被证明是个极端实例）。在紧接着我们摘录的中断处的从句中，她将想象自己“像团薄雾似的伸展开来……伸到了从未达到过的地方”，这与别雷那由颅骨构成的封闭盒子的形象形成了鲜明的对照。这种混合的幻想随后使她带着某种欣然接受的意味回想起了《辛白林》（*Cymbeline*）中那首有关稍纵即逝的生命的歌曲，这个文本她将在后面屡次提及。此刻，在她肯定人类面对失去时的坚持不懈，她自己内心独白的措辞暂时变得与莎士比亚有点模糊地相似：“这末路时期的世界经验在他们所有人中，在所有的男人和女人中，育出泪水积成的深井。眼泪与悲伤；勇气与忍耐；完全的正确无误与坚忍不拔的承载容受。”（第 9～10 页）

正如我们已经看到的，支离破碎是现代都市体验中的一个根本因素，是暴风骤雨般落在这种感觉之上的异质的、在很大程度上互不相干的刺激的不停顿的倾泻。伍尔芙在《达洛维夫人》中试图做到的是，想象异质性中的一种统一，或者，至少是通过感知意识来予以强加的一种统一，这能够使意识欣然于这一异质性，而不会被它迷失了方向。下文是彼得从自己的旅馆出发前往克拉丽莎家时的意识，他确信自己将有“一番经历”，尽管他不确定那经历将会是什么：

> 美，不管怎样。不是直入眼帘的粗犷之美。不是单纯而简单的美——通向拉塞尔广场的贝德福德大街。当然，它笔直方正且空空荡荡；走廊般地对称；但它也有亮着灯的窗户，一架钢琴，一台播放着音乐的留声机；一种寻欢作乐的感觉暗藏其中，但也会时不时地在这样的时刻露出头来：透过未拉上窗帘的敞开的窗

户，你可以看到围桌而坐的聚会，缓缓转圈起舞的年轻人，男人与女人间的对话，懒洋洋地望着外面的女仆（这是她们干完活后的一种奇怪发泄），晾在壁架顶部的长袜，一只鹦鹉，几株植物。有趣，神秘，具有无限的丰富性，这生活。（第 163 页）

彼得和克拉丽莎对伦敦街道的感知具有对立的互补性。她，作为妻子、母亲和社交聚会的女主人，凭着她对都市场景的极其深刻的理解，会将其体验为自我和场景的拟物的融合。他，一个上了年纪的单身汉（曾有过一次短暂的婚姻），殖民地的公务员，一个从未在世界上找到自己合适位置的男人，会带着一种相似的欢庆之感去观察那一场景，只不过是从远处，在街道上，作为观众。正如他在透过一扇敞开的门向一间屋子望进去之前，此处，他窥视着亮着灯的窗户，以一种略带偷窥癖色彩的方式，领会到他通过眼睛和耳朵可以获得的东西（“一种寻欢作乐的感觉暗藏其中”十分含混不清，但以其符合语言习惯的形式，微妙地暗示了于措词中蕴含某种性事的可能性）。那些将自己铭刻在彼得感觉之上的五花八门的单个物品并未制造一种内在统一性，但他将它们集合成了一种统一体，方法是将它们全都建构为生活表现的不可分割的组成部分，这些生活表现有着自己日常的节奏和季节性的、世代性的更新——在接下来的几行文字中，他瞥见了一对对的年轻恋人，并为他们所感动，他们“嬉戏着，拥抱着，缩进树的阴影之下”。所有这一切都奇怪地与观察的碎片恰相匹配，正如“这生活”这一表达一样，对他而言，“不是单纯而简单的美”，而是某种无论怎样都会持续的美。

《达洛维夫人》探索了两种自我与城市环境间的关系，其中的一种比另一种更为艰难。第一种是我们于写作进行中一直在观察的，即巡游的旁观者与扰攘的全景场面之间的关系，彼得和克拉丽莎都在某种程度上体现了这一点。第二种在克拉丽莎那里尤为突出，即自我与如此密集地居住在城市中的所有那些素不相识的他者的关系。正如小说时常提醒我们的那样，大城市是这样一个地方：在这里，你会倏地瞥见匆匆而过的面孔，或是会被隐入拉下的帘子后，你只能猜测，隐藏在那些转瞬即逝的形象后的生活会是什么样的。在小说靠近开头的部分，伍尔芙提供了一个公开例子来说明这种视线受阻的体验：当克拉丽莎站在花店中时，街对面停着辆政府部门的发生了逆火的豪华轿车，她沮丧地发现，自己对它一无所知。一张脸在鸽灰色的内部装饰的映衬下出现了一下，然后是一只男性的手在拉百叶窗，于是隐藏在汽车里的人的身份就变成了附近所有人的猜测对象。有关被封闭的景象和认知的更为详细的例子是对面房屋窗子中的老妇，她第一次出现约在小说的中间部分，然后，为了加重主题的分量，又在小说行将结束时再次现身。克拉丽莎的眼睛捕捉到了这个她几乎一无所知的老妇，看着她从窗边走回卧室，她的白帽子从那里依旧隐约可辨。克拉丽莎思忖道，这是种“超级奥秘”，因为无论是宗教还是理性甚或是爱都无法对此提出真正的解决之道，而情况“不过如此简单：这里有一个房间，那里还有一个房间”（第 127 页）。在举办社交聚会的那个傍晚，克拉丽莎在瞬间又一次看到了那个老妇，她拉下百叶窗，然后关灯，准备上床睡觉。这一形象在她心中再次唤起了对“再也不怕炎炎骄阳”这句歌词的回忆，它出自《辛白林》中的那首歌曲，是对于死亡的冥想。随后，她想到赛普蒂默斯掷弃生命的勇气，并由此生出一种古怪的欢愉之感，然后决心回到聚会中去，因为她意识到，“她必须振作”（第 186 页）。

铭刻在这一连串的念头之中的关于存在的反思并非城市生活所独有，但都市体验以一种特殊的方式培养了它。在城市这个地方，许多窗户面面相对，从外面望进去，里面的人影影绰绰，而里面的人也在望着窗外。正如我们将要看到的，卡夫卡利用遍及《审判》（*The Trial*）各处的那种妄想症患者的视角所具有的力量，强调了被看而非看：在小说的开头，从窗户中居高临下地窥视别人的不相识的邻居看到约瑟夫·K 正在变成奇观，在小说的结尾，可能也有某人站在窗边，目睹他被处决。伍尔芙聚焦于看，因为她的主人公正试图触及那由“这里……一个房间，那里还有一个房间”所构成的超级奥秘。克拉丽莎并不能真的在隔离的裂隙间架起桥梁：我们每个人都无法避免地被囚禁在我们主观性的牢笼之中（在几页后，当克拉丽莎与自己少女时代的朋友萨莉·席顿［Sally Seton］交谈时，牢笼的隐喻得到了切实的描写），而在城市有着无数扇百叶窗被拉下、灯光被熄灭的窗户，正是存在主义的囚禁的明显的具象表现。那么，在这个小说行将转向一个决定性的悲伤时刻，克拉丽莎思绪中的相关逻辑会是什么？在那个老妇放下百叶窗时，大本钟又一次响了起来，这让克拉丽莎想到了时间的冷酷无情。对面窗户中的灯光熄灭了，这种为睡眠而准备的黑暗让她想到了死亡——几乎同时想起了《辛白林》中的歌和赛普蒂默斯的自杀。死亡，也许尤其是在它能够被毫无芥蒂地接受下来时，会锐化那种活着的对比感：“他令她觉得美丽；令她觉得有趣。”像我们每个人一样锁在自己的意识的禁闭中的克拉丽莎可以通过两种不同的举动来实现某种解放，一种是想象的，另一种是社会的。至少有那么一刻，她打心眼里理解赛普蒂默斯（当她不理解那位老妇时），因为他终止生命的决定的大胆极端道出了她的心声：面对严酷的、不可避免的死亡的来临，活着具有一种脆弱不堪的美。一闪念中的对于死亡命运的共享，变成了分隔两处的房间之间的桥梁。但伍尔芙在提供给自己主人公的相关链条中意识到，这种对于他人——另一个克拉丽莎实际从未谋过面的人——的身份认同，既是种启示，也了无意义，说到底，是意义重大的幻想时刻，除此之外，别无所有。克拉丽莎当然是生活在自己的意识之中，但同样也生活在社会世界之中，因而她意识到，是到了回到聚会中的时候了，在那里，她“必须振作”（assemble）——这是个略带歧义的动词，也许是指让她自己打起精神来，同时也可指将人们聚拢在社交聚会中，在这里，她的天职是女主人。正如我们在所有这些小说中一直所观察的那样，现代大城市不是共同体的构成地。它散漫的社会结构及其建筑物都增强了“这里……一个房间，那里还有一个房间”的感觉。而社交聚会充其量是种建构小的、暂时性的共同体的努力——在大多数方面，它都必定是浮于表面的，但也并非完全如此，因为克拉丽莎在结尾处在彼得面前的至关重要出现的启示，意味着一种本质上的亲密关系。让克拉丽莎从楼上房间窗户边的有利位置走下来的正是在这种社交圈子中营造相互关联的可能性。在她的聚会上，人们也许会意识到共同体的片刻存在，这与福楼拜笔下的狂欢舞会形成了准确的对照，在福楼拜的舞会上，真实身份被名正言顺地隐去，观察意识陷入了充满自身欲望的反映主观能量的想象的旋涡中不能自拔。

透过小说人物的意识看到的城市有必要从叙事性的呈现中或人物个体的过去与现实的交织中看见（这是在福楼拜小说中的主要情形，时常出现在克拉丽莎身上的情况，《尤利西斯》中的斯蒂芬和布卢姆也是如此）。不过，一座将自己呈现为观察者的意识的城市不仅是在当前时刻充斥着各种感官数据的地方，也是种考古地点，通过一系列历史地层显示着它的流逝轨迹。将叙事集中于意识实际上促进了这种城市的考古感觉，因为，意识尽管会不断地受到当前刺激的撞击，但在回到文化的过往时，也能够发挥极大的自由。正如我简短地提及的，别雷确实使用了很多的段落来记录彼得堡的历史轨迹，尽管所有这一切都是出自叙述者那不着边际的遐思。伍尔芙将叙事更加严格地限制在人物的意识之中，通过人物的先入之见和文化经验来激发这些漫长的时间感知。事实上，在《达洛维夫人》中，再现城市的一个最为有趣的方面，是在这个 1923 年的六月天可明显观察和感觉到的伦敦，与它所有眼见的战后时尚和社会习俗之间，与那座可一路追溯到罗马时代的千年的城市之间，存在着一种辩证的相互影响。赛普蒂默斯的妻子雷齐娅（Rezia）首次在小说中亮相时，在这座英国的大都会中，感到自己身在异乡，孤立无助，她恰如其分地将自己想象为在那个遥远的时刻，当一个罗马人初次遇到此地的一个意大利人一般：“也许是在午夜，当所有的边界都消失不见时，这个国家便恢复了它古时候的模样，就如罗马人在登陆时看到的那样，隐蔽于层云之下，群山不知其名，河流蜿蜒曲折，不知流向何方。”（第 24 页）雷齐娅对于罗马人登陆泰晤士河岸的画面的想象正反映了她自己与当前周围的环境的疏离，但它也充当了一段冗长思索的引言，这段思索在小说的其他部分起到了更具主题性的核心作用。通过千年后向后回放的能力得到了千年后面向未来的展望的补充，因而这座忙碌喧嚣的 20 世纪的城市便与有关稍纵即逝的时间的沉思联系在了一起，克拉丽莎在与自己的生活的关联中，尤其怀有这种片刻感。当她看到那辆载着身份不明的尊贵乘客的汽车时，她把他想象成：

> 国家的永恒象征，在岁月的废墟中筛选翻检的好奇的文物家将对其有所了解，到那时，伦敦成了芳草青青的小路，那些在这个周三的清晨沿着人行道匆匆而过的人们已俱为白骨，只剩下混于尘土中的几只婚戒和无数朽烂的牙齿的黄金填塞物。（第 16 页）

伍尔芙最富表现力的文字就是安排给克拉丽莎的这一沉思的。措辞再次隐约地有点莎士比亚的味道，也许更令人联想到莎士比亚之后一代的玄学派诗人：混于尘土的戴着婚戒的白骨与多恩（Donne）的“绕在白骨上的金发手镯”颇为相似，而在玄学模式的更为现代的参照系中，婚戒的黄金被发扬为“无数朽烂的牙齿”的黄金填料，这形象既让人恐怖，又令人难以忘怀。我认为，在小说中向后或向前展开的大量时间范围具有特点鲜明的现代派风格，总体上，这不是 19 世纪小说家思考自己的世界的方式，尽管在梅尔维尔（Melville）的笔下和狄更斯的某些隐喻中，已现此类视角的端倪，如《荒凉山庄》开头所写的伦敦雾中的步履蹒跚的斑龙的出场。在一个考古发现和对地质时代的富于想象力的同化作用的时代，当前城市的文化生活被视为在令人畏惧的千年背景的映衬下的一个稍纵即逝的片刻。相关的想象习惯使别雷用腐朽中的埃及狮身人面像的形象来为《彼得堡》作结，让乔伊斯用古希腊人和希伯来人的古老世界来安排他的都柏林。

有关这种位于永恒外观之下时间界线的终结最为触目惊心的例子是那个老乞婆，她在街上，唱着令人难以理解的歌谣，“一汪古老的春泉从地下喷出的声音”，对她进行了主要观察的，既有彼得，也有雷齐娅：

> 古往今来——当这人行道尚为青草之时，当它尚为沼泽之时，经过长牙兽和猛犸象的时代，经过万籁俱寂的日出的时代，这憔悴不堪的女人——因为她穿着裙子——右手暴露在外，左手握在身侧，伫立着歌唱爱情——那传唱了一百万年的爱情，她歌唱，那战胜一切的爱情；数百万年前，她的在这些个世纪中已经死去的爱人，她浅吟低唱，曾与她一起在五月漫步；但在夏日般漫长、只有红色的紫菀花在她的记忆中炽烈怒放的岁月的长河中，他走了；死亡的巨镰横扫了那些高大的山峦，而当她终于将自己灰白的、无比苍老的头放在现在已变成仅仅一堆冰碴的土地上时，她恳求神明，在她的身边放一束紫色的石南，在那里，高高的坟头之上承受着最后的太阳最后的辉光的爱抚，因为到了那时，宇宙的盛观将会一去不返。（第 81 页）

这种不可思议而又神秘得令人迷醉的沉思冥想大概可归功于一直在聆听老妇歌声的彼得，但它又似乎与叙述者那隐含着权威性的视角融合在了一起，这位叙述者调停着所有小说人物的内心独白，因而，与乔伊斯的意识流使用的不同声音的游戏的出现相比，它更多地在每件事上都留下了单一的印迹。作为短暂的文明和将它们集中在一起的大城市的代表，它结合了我们刚刚注意到的、向后和向前的漫长的时间投射。那个老乞婆，转化为一个贯通今古的神话人物，将我们向后带回了猛犸象的史前时期，向前带到了地球生物灭绝的未来（这比未来的文物研究者在破碎的尸骨中发现婚戒这个例子还要极端）——与晚年的狄更斯在其隐喻中漫不经心地摆弄过的拉普拉斯的太阳之死概念相同，此处，着力聚焦于“现在已变成仅仅一堆冰碴的土地”，此时，“宇宙的盛观将会一去不返”。这个段落讽刺地、挖苦地、可不知何故又是恭恭敬敬地玩弄着“爱情的永恒之歌”这一被人用滥了的概念。爱情使我们附着于生活；个人的生命不过转瞬即逝，就连地球上一切生物的生命都必将走向终结；但爱情始终是人类对于不可避免的毁灭的挑战，它“战胜一切”，它的歌声持久不衰，尽管被衰落的过程怪诞地曲解到了断断续续的地步：“还是那支汩汩潺潺的歌，浸透了无穷岁月的盘根错节，浸透了骨骼和宝藏，汇成漫过人行道的涓涓溪流，在溪流中越漂越远，这溪流沿着马里勒波恩街，流向尤斯顿，一路施肥灌溉，留下一道湿漉漉的污迹。”

以这种方式，城市那充沛的存在感，它作为此时此地生活的集体呈现的令人狂喜的多样性和张力，对抗了一种关于城市的观点，认为城市是世事无常的一个痛苦的例证。隐喻在两种观点中都发挥了关键作用。我认为，在狄更斯那里，隐喻的作用是通过时常令人惊讶的、启示性的方式来认识主题，而在伍尔芙笔下，隐喻主要被用来解释主题，使对主题的态度具象化，或唤起它在观察者心中激发出的情绪。此处将歌比作汩汩的泉水的隐喻（在下个段落中，这个比喻导出了将老妇当作生了锈的水泵的怪诞描绘）传达了由混淆的声音构成的意念，以及对于结实的生命力量的看法，同时也相当漠然地表明，那溪流虽说可浸透“无穷岁月的盘根错节”，在面对普遍存在的流逝时，却回天无力，最终注定只会在其身后留下“一道湿漉漉的污迹”。通过聚焦于此时此地的城市，隐喻实际上被不同的人用不同的方式传达对于由街道、公园和房屋构成的丰富多彩的生活的兴奋感——城市是一个大洼地，填满了人和建筑的棱角分明的零碎东西（克拉丽莎）；是一辆双层巴士，从高处望过去，就像在城市的波涛中扬帆远航的护卫舰（她的女儿伊丽莎白）；黄昏时刻的伦敦就像一个正脱去印花裙子、用蓝色和珍珠打扮自己的女人（彼得）。所有这一切都使城市具有了某种审美性，但城市的美感并非基于任何认为城市一定是个风景宜人之处的看法，而是基于这样的意识：它会表现现代生活本身的迷人的多样性。

通过小说人物的想法来描写城市存在，这种做法迈出了出乎意料的一步，超越了福楼拜在《情感教育》中如此睿智地意识到的那种感官体验的直接性。因为这些人物的意识，与其作者的敏感性保持一致，是如此地具有隐喻性（与福楼拜的小说人物的意识形成了极其鲜明的对照），我们眼中看到的城市便是头脑对它的活灵活现的塑造，包括在头脑中如何改变它。伦敦，因为作者着力于关注它的魅力，而对它的粗粝和冷酷只作蜻蜓点水般的描述，所以是个令人亢奋的竞技场，是可以充分体会到现代社会存在的地方，就如在田园中，年轻的情侣和睦欢快地生活在绿草地上。使有关城市的这种景象超出了某种天真和欢庆，同样的场景自由转换运用的意识是对于一种较为阴暗的看法的坚决抵制的观点，尽管隐喻会导致将这个如此多姿多彩的现时的城市当作一个难免稍纵即逝的形象来思考。根据这第二种看法，隐喻不是由华丽的装扮和海上冒险构成的纷繁花样，而是死亡之镰，是冰碴，是辉煌盛典的一去不复返的终结。隐喻性想象的这两个互为补充的活动赋予了我们一个真实感的现代大都会，它具有独特的景色、声音和动态，与此同时，又是人类存在的实质上的具有寓意的形象，既充满生命的活力，又难免最终毁灭的命运。尽管你也许会提及城市的“呈现”——或者，至少是它的某些经过挑选的零碎片断——但在《达洛维夫人》中，伍尔芙实际提供的是一系列冗长的诗意沉思，在一个最小的叙事框架中，将城市安排为一个生机勃勃而又稍纵即逝的剧场，将城市视为一种人类状况的映像。

第七章　乔伊斯

——大都市的往来穿梭

与其他现代小说相比，乔伊斯的《尤利西斯》提供了关于城市的更加多样的充分想象。我们从福楼拜起追踪至今的所有独具特色的都市体验所展现的方方面面，在这里都以加强版的方式得到展现，在狂野的、时常是过度的循环中回旋不已。喧嚣忙碌的城市街道上的那些无业游民脑海中的印记在这部小说中得到强化，因为那种离散无关的感觉在意识流技巧的作用下有所增强，而意识流可以说是福楼拜通过小说人物的眼睛去揭示一切的叙事实践的最终完成。意识流还使伍尔芙内心独白中明显的感觉与回忆的交织变得更为突出，因为大脑在以从感官数据到回忆的迅速跳跃中呈现出来的运动在此处一直遵循着自由关联和精妙阐述的路径。这意味着，现代都市对于幻景的癖好是由头脑本身所致，而不是由都市现实的本质所致，就如在福楼拜和别雷笔下那样。斯蒂芬（Stephen）一边沿着桑迪芒特河岸漫步，一边思考着科克湖的流水，一边听着“四月的涛语”，一面看着挤挤挨挨的海藻“撩起了”强加在被说成是裸妇的月亮形象上的“裙裾”，而溺水的男人以及《暴风雨》（*The Tempest*）中的歌谣则漂浮在他游移不定的沉思的潮涌之上，这里的他已经有效地创造了自己的幻景，正如布卢姆在小说的中间部分一而再、再而三地所做的那样。①因此，蔓延开来的“夜城”（Nighttown）片段中的明显具有幻想和戏剧性的形式，是由一直顺着小说人物的意识流持续进行的精神事件构成的热闹的马戏团的极端意识。此外，正是在这个青楼场景的恍兮惚兮的朦胧光线中，乔伊斯开启了我们在狄更斯和别雷那里观察到的世界末日之感。然而，在这个事例中，因为乔伊斯的兴趣既不在城市对自然环境的影响，也不在任何政治威胁（1904 年的都柏林似乎是比 1905 年的彼得堡更平静的地方），所以世界末日可以被当作纯粹的闹剧来演绎。当斯蒂芬的梣木手杖打碎了枝形吊灯时，“时光那最后一点死灰色火焰蹦了起来，在

① James Joyce, *Ulysses* (New York: Random House, 1961). 以下所有引文均出自该版本。

接下来的黑暗中，是所有空间的废墟，碎成碴儿的玻璃和坍塌下来的砖石”（第 583 页）。但他毕竟只是对天花板造成了一些酒醉后的损害，因而瓦斯灯作出了恰当的虎头蛇尾式顿降法的回应：“卟呋咯（Pwfungg）！”接下来的几页文字，以一种更为夸张滑稽的方式，我们得到了一幅完整的世界末日全景图，里面充斥着发出尖叫的妓女、呜呜作响的雾角、濒死的士兵、飞翔的女巫、龙牙以及追思弥撒的装置（第 598～599 页）。隐藏在这一切背后的，也许是对于欧洲历史本质的略带严肃的思索，这在小说中有两次著名的描写，它被形容为我们试图从中醒来的“噩梦”，但它的明显意图是成为对于历史趣事和幻化想象游戏的特殊展览。世界末日在乔伊斯的伟大喜剧小说中失去了它的针刺。

所有被这些小说记录下来的许多城市新感觉是城市等级的新排序的结果，我们必须说，就这个方面而言，都柏林不是座欧洲大城市。在 1904 年，即《尤利西斯》开始创作的那一年，都柏林的人口不足 30 万人，不到当时伦敦规模的 1/20。它也不曾像伦敦那样扩展至一个相当大的区域：步行似乎是在都柏林的许多站点间往来的可行方式，正如你在小说中时常看到的那样。没有面孔的人群和城市乱象在本书中也不那么明显。与此相反，在这个爱尔兰的城市空间中，至少有种类似于乡村社区的退化感觉：几乎人人都知道可怜的帕迪·迪格纳姆（Paddy Dignam）刚去世，而米娜·皮雷弗伊（Mina Purefoy）即将分娩；你沿着这些街道走不了多久，便会与西蒙·德达尔斯（Simon Dedalus）或他的某位后代劈面相逢；与小说中有详细描述的相互交织的循环主题相匹配的，是相互交织的循环人物，他们熟悉的面孔几乎无处不在。不过，小说中渗透着一种由持续的活动构成的城市的喧嚣之感，你可以说，1904 年的历史上的都柏林至少在其发展速度上堪比伦敦和巴黎：从 19 世纪初开始，它的人口已经增加到了原来的 5 倍；往来穿梭的交通和行人、一连串的广告（那当然是布卢姆的生意）、以与更广大的世界的电报联系为支撑的遍地开花的报刊新闻（纽约的战争灾难新闻广为传播）、从国外抵达的形形色色的来访者的存在，都让人感觉到都柏林虽然规模相对较小，却像个现代大城市。

我建议从乔伊斯在风神（Aeolus）片段开始时的一小段关于城市的描写入手。你也许会回想起来，这个片段发生在《自由人杂志》的编辑办公室，被组织成一系列位于仿照报纸头条的那种加粗的标题下的简短单元。第一单元的标题以乔伊斯在这整个片段都会使用的模拟报刊头条的加粗的大写字母标为IN THE HEART OF THE HIBERNIAN METROPOLIS（在爱尔兰大都会的中心），这正是我们要讨论的对象。

> 在威尔逊纪念柱前面，电车都放慢了速度，转轨分路，改换触轮，发往黑岩、国王镇和多基、克朗斯基亚、拉思加尔和特勒努尔、帕默斯顿公园、上拉思曼斯、沙丘草地、拉思曼斯、林森德和沙丘塔、哈罗德交叉口。都柏林联合电车公司的那个声音粗哑的调度员吼叫着打发它们离去：
>
> ——拉思加尔和特勒努尔！
>
> ——快点走啦，沙丘草地！
>
> 右边和左边分别并列环停着一辆双层电车和一辆单层电车，它们换了挡，响着铃，从自己的铁路端点启动，转向下行线路，平行着滑行而去。
>
> ——出发，帕默斯顿公园！（第116页）

这一切在《尤利西斯》中有何作用？它首先是对城市生活加以纯粹模仿的时刻。因为在这个片段中没有安排类似于意识流的东西，也就没有了一种特殊意识的折射效应。与《达洛维夫人》中通过比喻变成了护卫舰的双层巴士不同，这里的双层电车和单层电车以一种近于未经调停的方式呈现出来，在电车公司调度员吼出它们将要前往的站点名称时，在其朝向城市的南边和西南边的指定线路上，不带任何比喻性质地、闹哄哄地绕道前进。此段开头的那些连续紧密的动词——“放慢了速度，转轨分路，改换触轮，发往”——是经常可在小说其他部分观察到的有力的节奏和句法的特征，我们以后会回过头来讨论这一特征。这种特性，再加上那个声音粗哑的调度员发布的口头路线图，都表明抓住了乔伊斯想象力的电车是城市那没有片刻停歇的运动及其相互关联性的象征。尽管我已经要求大家注意小说中显著的徒步性质，但都柏林也是这样一个地方：为了抵达多个目的地，需要车辆运输系统，而电车则服务于很多人的这一目的。

19 世纪末，电车作为一种可将大量人群有效地运送至迅速扩张中的城市空间的各个地方的卓越而务实的手段，被引进到许多欧洲城市。最早的有轨机车是由马来拉拽的，但到了 20 世纪初，它们已被电气化，正如此段中那样。（电车所换的“触轮”当然不是像美国用法中那样指车厢，而是指车顶上方的电缆，它由一个轮杆装置与电车相连，以便为它提供电力。）电车的这种不断变化的往复运动完美地展现了城市名副其实的电气动力性，并且，至少是在这个例子中，分享了小说家对于城市生活的赞美之情。

在其他地方，当我们处在小说人物的视野之内时，电车也可证明是件恼人之事。当布卢姆这个行走的偷窥癖瞥见一个穿丝袜、戴手套的优雅的年轻女子时，一辆“吵人的狮鼻”电车插在了他与这个曼妙女子的形象之间，她上了电车，电车载着她飞快地驶出了视野。乔伊斯用以描述动态的城市场景中的视觉感知——此处与欲望平行——的动态的精确性确有值得欣赏之处：“电车开过去了。她们驶向环线桥，她戴着手套的富贵的手抓着钢的把手。闪烁，闪烁：她的帽子在太阳下的闪耀：闪烁，闪。”（第 74 页）从福楼拜起，我们已有各种各样的场合去观察城市小说中的视觉体验的片段，通常不把人的形象视为连续的整体，而是通过它留在断离的身体部位上的痕迹。在此例中，看的模式明显基于身体的设置：当电车迅速驶出布卢姆的视野时，他只能分辨出一顶帽子和一只抓着钢把手的戴手套的手，并且，因为运动中的感知对象和视线被部分地挡住了，明亮的晨光中的景象变成了频闪——“闪烁，闪烁：她的帽子在太阳下的闪耀”——随后，头两个词被重复，而最后的音节则策略性地去除掉了，就像布卢姆所看到的那样，“闪烁，闪”。（像别雷一样，乔伊斯对语言的音乐性有着设计师般尖锐的敏感，他还时常在描述视觉体验时展现细致之美。）这一刻也提醒我们，城市空间中人的不断交叉使它成为稍纵即逝的欲望的温床，正如福楼拜敏锐地把握住的那样。对挤在一个公共交通工具中的身体可能是种肉欲的刺激来说，既涉及到触觉，也涉及到视觉。猥亵的利纳恩（Lenehan）会向自己的密友回顾与布卢姆夫妇一起在午夜晚会后乘二轮马车的情形，当时，他坐在莫利（Molly）旁边，所以能够（他是这样说的）享受她撩人的曲线带来的美好感觉（第 234～235 页）。性与城市几乎算不上是美国有线电视的独创，我们将回头去看乔伊斯对这种现象足智多谋的探索。

布卢姆看着那位优雅的女子乘着电车离去的场景是意识流呈现即时的感官体验力量的鲜活例子。但正如我们在弗吉尼亚·伍尔芙的例子中所观察到的那样，沿着可把我们带回到个人的也是文化的时光的路线，这种叙事技巧也促进了相反的或相关的运动。在这个方面，作为忙碌的城市生活的普遍存在的中介——电车，也扮演了一个可称为模范的角色。去吃午饭的路上，布卢姆在路过三一学院时，繁忙的街道上从他眼前经过的电车把他引向了有关存在主题的多链接的思维链。他的沉思值得长篇大论地加以引用，因为它们如此显著地证明了乔伊斯所呈现出的城市的精神体验的节奏和范围：

> 走着走着，他的笑容消失了，一块乌云慢慢遮住了太阳，将三一学院那晦气的正面笼罩在了阴影之中。电车一辆又一辆地经过，进来，出去，换轨。废话。一切照旧；日复一日：一队队的警察齐步走出来又走回去，电车进进出出。那两个疯子在四处乱逛。迪格纳姆被带走了。米娜·皮雷弗伊挺着大肚子躺在床上，

呻吟着，期盼孩子从自己的肚子里被拽出去。每秒钟都有一个人在某个地方出生。每秒钟都有一个人正在死去。既然我给鸟喂了五分钟的东西。那就有三百个人一命呜呼了。另有三百个人呱呱落地，洗去血污，全都被放在羔羊的血液中洗涤，妈啊啊啊地叫个不停。

举城之事都为过往，另有举城之事迤迤而至，然后又为过往：又有举城之事既来且往。房屋，一排排的房屋，街道，数英里的人行道，成堆的砖块，石头。易手。这个主人，那一个。人们说，房东从不会死。一个人在拿到退租通知时，另一个人便会顶替他，他们用金子把这地方全部买下，可金子还是全在他们手中。从哪里诈骗来的。在城市里堆积如山，又代代耗尽。沙漠中的金字塔。建在面包和洋葱之上。奴隶。中国长城。巴比伦。遗下的巨石。圆塔。剩余的瓦砾，扩张的郊区，偷工减料的，柯万的蘑菇房子，用微风盖成。夜晚的栖身之所。

人什么都不是。（第 164 页）

乔伊斯敏锐地认识到，城市生活具有特点鲜明的节奏，他用自己文中特点鲜明的节律运动对此做了记录；他还知道，这种节奏定义着城市居民与世界的关系。你会觉察到文中有切分的元素，这是受到了用以营造意识流效果的省略号的促动，其中，定冠词和动词都被省略掉了，从而抑止住了预料之中的音节，中断了英语语言中近于隐含的抑扬格模式，在重音音节之间依次强行加入一个延宕的节拍：“一切照旧”（thíngs go ón [——] sáme），“电车进进出出”（tráms ín [——] oút）。克莱夫·贝尔（Clive Bell）1921 年发表在《新共和》（*The New Republic*）上的一篇文章中，切实地批评了乔伊斯、艾略特和自己的妻妹弗吉尼亚·伍尔芙（对她的批评要温和得多），就因为他们使用了切分，他认为切分是对节奏和句法规范的颠覆，而他用毫不掩饰的种族主义的华丽词藻，将此归咎于爵士乐的十恶不赦的影响。[①]音乐造诣极高的乔伊斯事实上并未流露出对爵士乐的丝毫兴趣，但你可以推测，切分之所以对他有吸引力，部分是因为它捕捉到了现代城市生活的那种蓬勃有力的停停走走的节奏。

这种停停走走明显与电车这一节有关。电车显然是市内交通轨道原理的改编版。就像沃尔夫冈·席维尔布施提醒我们的那样，使铁路旅行与其他运输形式有所区别的一个特征是，它发生在迅速得到固定的轨道上，因为轨道大部分都是直线铺设，尤其是在欧洲。（在美国，由于土地成本通常不是问题，所以轨道常常会绕过自然障碍物。）在城市场景中，因为电车都会根据一份排列严谨的时间表每隔几分钟来或去，彼此迎面擦肩而过，这就比火车在固定的终点站之间不停地来回穿梭更易引起人们的思考。如此一来，它们就传达了一种空间跨越之感，它不同于某人骑在四足动物的背上乃至窝在公共马车中的体验。新的焦点对准的是时不时地被工业造成的金属噪音所打断的纯粹的重复运动，以及这样一种与之相伴的趋势：将迅速穿越的空间简化为一种抽象事物，至少是将对于它的所有连续而具体的理解简化到最小程度。（这是席维尔布施在谈及铁路时的大体言论。）所以，电车的“进来，出去，换轨”使布卢姆陷入了对于一切事物的无效循环和稍纵即逝的“德训篇”（Ecclesiastian）式的沉思。穿梭往返的电车使他联想到了“一对对的警察齐步走出来”，这可能是因为他前一刻想的是爱尔兰的新芬党和革命运动。在布卢姆那本能的和平主义者的观点看来，暴力革命只不过是徒劳无益的另一表达：革命者集结起来，武装的当政者阔步而出，将其镇压，就如同电车按照其固定的铁路线来来回回一样。他从政治转向了街道上的两个疯子，也许这是因为他们也是警察注意的潜在对象（在这里，是无政治意义的对象）。接下来，穿梭往

---

① Clive Bell, “Plus de Jazz,” reprinted in *Since Cézanne* (London: Chatto and Windus, 1922), pp. 217～230.

来的参照框架变成了存在性的，此时，有关死亡和降生的主要实例被带进了小说中，紧接在被带走的帕迪·迪格纳姆和临盆的米娜·皮雷弗伊之后。令人生畏的出生与死亡的全景画面（对此，布卢姆让自己显得更加精通于数学，而不是像在其他地方那样显得更擅长大众科学）导致他想象充满血污的新生，调用了基督救赎的语言："在羔羊的血液中洗涤"，这种语言在本书的其他语境中会有所重复，但他富有特色地将神学转变为对人类存在（即在产婆清洗血污时啼哭不止的婴儿）的自然物理环境的想象。

在这一节的第二段，类似于电车的来回运动在城市生活及其与历史的关系中得到显现。（尽管方式截然不同，这些反映与我们在《达洛维夫人》中所看到的反映有着主题上的关联性。）一座现代城市，正如纯粹的人口增长统计数字所表明的那样，是个处于运动之中、处于不断的变化过程之中的地方："举城之事都为过往，另有举城之事迤迤而至，然后又为过往。"建筑物、整个的邻里街区兴起，衰落，再兴起（正如我们注意到的，狄更斯敏锐地意识到了这一过程）。在这一切之中，以布卢姆为形象代表的普通市民，在这些变化轮转中感觉失去了能动性："他们"不知怎的获得了利润，拥有了财富，监管着偷工减料的住宅建筑，就像布卢姆心中想到的那个历史上的不动产开发商迈克尔·柯万（Michael Kerwan）那样。在这段引起共鸣的沉思行将结束时，当代城市那永无止境的转变将布卢姆的思绪带回到历史上的时刻，带到了金字塔（正如在别雷的小说中那样）、中国的长城和巴比伦（他可能想到了它的金字形神塔）、史前爱尔兰的巨型独石（"巨石"）以及前诺曼爱尔兰修道院的圆塔。当代城市以其特有的活力蔚为壮观地进行着成为过往并渐渐成为历史本身的无尽循环。面对这一切，布卢姆得出了沮丧的结论，他的思想有可能受到了外力的点拨："人什么都不是"，这是对《圣经》"传道书"中"太阳底下都是虚空的虚空，一切都是捕风捉影"这一说法的刻板再述。"人什么都不是"可以充当许多起自福楼拜的现代文学作品的题词，但乔伊斯是个正面的现代主义者，而这部小说的主题的或心理的任务是超越这一惨淡的结论，在面对变化、衰落和不可避免的死亡时拥抱生活。几页文字之后，布卢姆就将这么做，方式是通过对于他与莫利（Molly）相爱时那最初的狂喜的神采飞扬的回忆。后面，在倒数第二章的伊萨卡岛（Ithaca）那一片段中，他将与生活和解，而不去管损失和屈辱，由此等于获得了一种广阔的视角。这一决定性的时刻转而将变成在结尾处莫利独白中那永远持续的全面肯定的序曲。在路过的电车的机械性的穿梭往复之后，有着另一种意义——它是对生命脉动的再次肯定，这是布卢姆和莫利两人都信奉的。

《尤利西斯》中的“游岩”（Wandering Rocks）一节的建构明显是为了提供一种城市的全景视野。它碰巧是最少基于奥德赛（Odyssey）故事之上的一节，这也许正反映了这样一个事实：乔伊斯觉得必须要在某一点上为我们提供都市场景的包罗万象的画面，一种荷马（Homer）未曾提供便利先例的叙事步骤。该节由 19 个小节构成，涉及的人物超过了 19 个。其中大多数主要是通过对话来表现的，少数几个是通过意识流来表现。在此处，与城市那来回往复的运动相匹配的，是从一个小说人物到另一个小说人物的叙事视角间的来回往复运动——从十分可敬的约翰·康米·S. J.（Very Reverend John Conmee S. J.）到布莱泽斯·博伊兰（Blazes Boylan）到斯蒂芬到布卢姆再到形形色色的小角色（邓恩小姐［Miss Donne］、内德·兰伯特［Ned Lambert］、马丁·坎宁翰［Martin Cunningham］，等等）。有趣的是，本节始于一块怀表，由可敬的康米在三点差五分这一精确时间拿出来又揣回去。在一开始便引入钟表，其显而易见的理由是，这是《尤利西斯》中从头到尾都在使用的许多指示方向的装置之一：始于早晨八点的叙事可以按照时间顺序一步接一步地推向结尾处那黄昏之前的未加指定的时间，此时，莫利的独白自她从少年时代起直至 1904 年 6 月的这一天的生命时刻间全面的地来回翻转不已。然而，值得注意的是，表在游岩这一节中还会继续出现。当布莱泽斯·博伊兰出场时，他拽出一块金表来查看时间：他正在给莫利送花——搭电车送去，他跟卖花人约定好了——他想确保这些花会在他焦急期盼中的与她的幽会之前送达（第227页）。利内翰（Lenehan）因为关心自己下了注的那场下午的赛马，于是问麦科伊（M'Coy）："你那块带金链儿的金表几点啦?"也许他提及的那块表并不存在，或是坏了，因为麦科伊反而是窥伺了一下一家店铺的窗户，从那里的时钟上分辨出时间是三点多一点儿（第233页）。斯蒂芬在钟表匠威廉·沃尔什（William Walsh）的店铺前停了片刻，后者指着自己的手工作品骄傲地说："个头大，做工精，时间准。"（第242页）就在本节行将结束时，在一群瞧着总督的马车（《达洛维夫人》中那辆部长或皇室的豪华轿车的同类物）呆望的人众中，约翰·亨利·门顿（John Henry Menton）攥着他的"厚实的双盖金表"（带有铰链的保护性盖子的表），却并没有用它来查看时间（第253页）。

这种精密的记时装置的安排与伍尔芙小说中大本钟不断发出的沉闷报时声之间存在着明显但有限的平行关系。在两个例子中，机械的时间计量的提醒将所有各不相同的人物形象聚在了一起，他们在城市的街道上朝着不同的方向匆匆前行，这种前行有的是实在的，有的则不然；无论他们之中存在何种不同的骚动，他们都是以时间的固定流逝为标志的同一目标框架的组成部分。不过，在《尤利西斯》中，我们主要看到的是怀表，它涉及客观测量的时间私人的占用与分配。从历史上看，在《董贝父子》中由议会成员以及其他特权人物所佩戴的、与火车时刻表的新要求保持同步的钟表，在这个20世纪初期的时刻，已经得到了更为广泛的使用。无论你走到哪里都带着的计时装置既是你本人接通共有的时间网络的方式，也是私人意义的时间被分配给了每个人的一种反映。在这第二点上，它与意识流的主观性叙事核心相辅相成。对于康米（Conmee）神父而言，三点钟意味着他继续从事其日常教职的时间：他将乘电车去他需要去的地方，然后，在下了车之后，将愉快地遇见一对从灌木丛后面出来的年轻人，他们显然在那里干了些不为教会所认可的、或不为时间表所定义的勾当。布莱泽斯·博伊兰查看时间，是因为他盼望着与撩人的莫利达成性圆满的那一刻。斯蒂芬应邀将钟表当作一种杰出的人工制品来看待。约翰·亨利·门顿爱抚他那厚厚的金表，是因为他为拥有它而生出了世俗的骄傲，却对它所显示的时间毫无兴趣。

为了与这多种多样的钟表保持一致，“游岩”通过使用街道上的丰富多彩的移动的生活画面来定义小说中都市场景的繁华热闹：装载货物的马车夫、学童、身前身后都挂着广告的人、跳舞的教师、乞讨的独腿水手和瞎眼的年轻人（他俩在后面都会重新出现），以及因在灌木丛中的纠缠而弄皱了衣服的那对年轻人。所有这一切，为了突出其内在的生动性，就必须由一位外在的叙述者来对大部分内容予以传达，尽管其间也有一些短暂的内心独白时刻。在该节近于中间的部分，当布卢姆而后是斯蒂芬出现时，我们看到了真实的意识流的段落，主要用于这两位核心人物上面的叙事模式。随后，这一部分又回归了对话和外在叙事，直至本节结束。这一城市全景图的章节中的外在和内在视野的对立反映了《尤利西斯》的总体设计，它对意识流的运用可谓极为丰富，具有精彩绝伦的想象力，但它也会利用那密集的内在性去挑战在各种风格和叙事技巧中得以展现的更具外在性的视角。（与此相反，《达洛维夫人》的风格单一，只有某种变调，没有外在视角，这种呈现模式所产生的城市充分的物质现实感要少于乔伊斯小说中的呈现模式。）

从本书一开头论及福楼拜的小说和城市起，我就一直将注意力放在由密集且多到超乎寻常的感官数据所造成的现代都市体验的不同意义之上。这正是格奥尔格·齐美尔有关精神生活和城市的先锋性评论所强调的关键点，瓦尔特·本雅明又对此进行了重述。乔伊斯将这种外在和内在相互交织的超乎寻常的丰沛感当作一种丰富的、充满诗意的资源来加以利用，且将之用作一个机会，以带领我们进入主要人物那拥塞的心理空间。街头的喧嚣声、电车的叮当声、匆匆而过的行人、商店的正面、陈列于商铺中及街道上的商品，都作为1904年的都柏林的组成部分，具有其内在的、密集的凝结性，与此同时，又会触动小说人物中的动态的联系链。在这一节的中间部分，利奥波德·布卢姆站在一个书亭前，拿起一本由法国作家保罗·德·科克（Paul de Kock）写的隐晦的色情小说《偷情的快乐》（*Sweets of Sin*）。（以此命名的实际作品并未被挖掘出来，极有可能是乔伊斯模仿保罗·德·科克的风格而自行创作的。）

他随手翻开一页，读了起来。

——她丈夫给她的每一文钱都花在了商店里那些华美的礼服和最昂贵的多褶的裙子上了。为了他！为了拉乌尔！

对。就是这个。就是这儿。试试看。

——她的唇胶在他的嘴上，送上甘美的、纵情的一吻，而他的手则伸进了她的内衣里，感受着那丰满的曲线。

对。就是它了。看看结尾。

——你迟到了，他粗声哑气地说，用怀疑的目光灼灼然地盯着她。那个美丽的女人将镶着黑貂皮的披肩扔到一边，露出她那女王般的香肩和起伏的丰肌。她平静地向他转过身来，完美无瑕的唇边浮现出一丝若隐若现的笑意。

布卢姆先生又读了一遍：那个美丽的女人。

一股暖流轻柔地包裹住了他的全身，慑住了他的肉体。肉体在皱巴巴的衣服之下缴械投降。眼白晕晕乎乎地往上直翻。他的鼻子不由自主地拱了起来，准备猎食。融化的乳膏（为了他！为了拉乌尔!）。腋窝的洋葱味的汗液。鱼胶般的黏液（她那起伏的丰肌!）触摸！挤压！摧毁！狮子的硫磺粪便！

青春！青春！

一位不再年轻的老妇人从衡平法院的大楼中走了出来，她刚刚在大法官法庭旁听了波特顿精神错乱案，在海事法庭旁听了

"凯恩斯夫人"号船主对"莫纳号"三桅船船主诉讼案的给一方当事人发传票的动议，在地区法院旁听了哈维对海洋事故保险公司诉讼案的延缓审判决定。

痰意十足的咳嗽声使书亭的空气震动起来，把脏兮兮的窗帘都吹得鼓了出去。店主未加梳理的灰色脑袋探了出来，涨红的脸膛上胡子拉碴的，不停地咳嗽着。他粗鲁地清着喉咙，将痰吐在地板上。他将靴子踩在吐出的痰上，用鞋底蹭了蹭，同时弯下腰去，露出了头发稀疏的生皮头顶。

布卢姆先生瞧着它。

他竭力调均自己不顺畅的呼吸，说：

——我要买这一本。

店主抬起那双被长期积聚的眼屎弄得视线模糊的眼睛。

——《偷情的快乐》，他说，一面用手敲着它。是本好书。（第236～237页）

乔伊斯比其他任何现代作者都更加世故地懂得，一种文化——以及作为一种文化的首都的城市——是部巨大的重写本，在上面，一种语言在另一种语言之上书写，或者其实是在乱涂乱画。这可用M. M. 巴赫金强力予以阐述的术语来说明，即城市是语言冲突和交流的首要竞技场，这些语言各自都反映了它从中诞生的社会的、专业的或意识形态的子群的价值观。（这再次与伍尔芙形成了鲜明的对照，她基本上是用一种单一的语言来书写自己的城市。）乔伊斯的都柏林像其他地方的现代城市一样，是座被印满了文字的文本糊起来的城市。就是在这一全景式的章节中，我们看到：贴挂在身上的广告牌上的广告，宣布以利亚（Elijah）到来的皱成团的传单（正如在狄更斯笔下一样，文本变成了垃圾），被康米神父从头翻到尾的每日祈祷书，在斯蒂芬的意识流中飘浮不定的密尔顿和布莱克的只言片语，此处这本文雅色情小说的样本，对1904年6月16日的《自由人报》（*Freeman's Journal*）的真实引用（拼贴是乔伊斯的拿手好戏），对于一个涉及某个名为波特顿的人的精神错乱的案子的记录，等等。正如我将要竭力指出的那样，我们正在讨论的这段内容是《尤利西斯》的虚构世界的一个引人注目的缩小版。鉴于呈现关于那种世界的意识的向心性，这部分意味着，它是个醒目的例子，可说明周围的现实如何激活思想的活动，以及思想的呈现和它周围的现实又是如何创建两者之间交互轮唱的赞美诗集的。

此外，城市还是个大商业中心，陈列着可被它激起欲望的各式各样的货物，就如在此处的一个清晰明了的色情场景所发生的那样。漫不经心地翻开《偷情的快乐》的布卢姆偶然间看到了这段引起性活动的描写，它由一系列的陈词滥调（“甘美的、纵情的一吻”，“丰满的曲线”，“完美无瑕的嘴唇”）和假装优雅的法国格调（法语的内衣［déshabillé］、起伏的丰肌［heaving embonpoint］）拼凑而成（凭借怡人的模仿）。“那个美丽的女人”这一陈腐的句子之所以会迷住布卢姆，显然是因为这让他想到了莫利。于是，拉乌尔就变身为布莱泽斯·博伊兰的平庸的虚构替身，下午要拜访埃克尔斯街七号的时间安排令布卢姆忧心忡忡，而这种综合句式将会随着小说的继续而不断重复。使这一模仿如此刺激和逗人发笑的，是其与紧接着的布卢姆的意识流语言间的强烈的结构性对照。这个例子中的意识流为我们提供了对于想象的或幻想化的阅读经验的描述。翻看着书页的布卢姆感到被温暖所包围（这仍旧是叙述者对于布卢姆的描述），然后在想象中进入性欲场景，在片刻里与拉乌尔合为一体，女性的肉体在他的身下华丽地缴械投降。这个男子气概摇摇欲坠的悲哀形象随着他的阅读变成了一头凶猛的性事掠食动物，这倒使他的名字利奥波德名符其实了，这有可能在那性迷狂的呐喊声中的“狮子”（lions）一词中有所暗示：“触摸！挤压！摧毁！狮子的硫磺粪便。”由于意识不必被迫顺从于文学的或社会的礼貌的常规，所以细节的观察和措辞两方面来说，它都可以成为强烈的现实主义的中介者。于是，“腋窝的洋葱味的汗液，鱼胶般的黏液”是对于性行为的想象，与之相伴的液体分泌物使得那女王般的香肩和起伏的丰肌看上去甚是无聊。（毫无疑问，乔伊斯正是在这一点上引起了弗吉尼亚·伍尔芙的不适之感，这种不适之感反映在她对《尤利西斯》的著名评论中：不必为了呼一口新鲜空气而非得打破所有的窗户。[①]）

互相矛盾的语言的喧哗不是仅限于那本自大的、以文雅的语言描绘色情的、老生常谈式的散体作品与布卢姆的意识流的那刺激的、确凿的具体性之间的对照。在性幻想达于巅峰之后，布卢姆像在别处经常做的那样，用“青春！青春！”这样的感叹来骤然地泄了自己的气，这感叹表达了他对自己的悲哀感觉：一个年近四旬的男人，某个现在无论如何也无法赢得书中被理想化的年轻情人的芳心的人。于是，在蒙太奇式过渡的迷人作用下，离开了布卢姆的意识的叙述者跳至那个正走出法庭大楼的“已不再年轻的老妇人”身上。这一整段都用法律术语写成，正如我已经提到的，其中的一小块实际上就取自那一天的报纸上的拼贴片段。被巴赫金称为“众声喧哗”（heteroglossia）的不同语言的相互插入并置在这里，如在整个小说中一样得到了鲜活的展现。除了特殊的文学体裁（隐晦的色情小说）语言的风格化和意识语言的生硬直率外，社会机构——此处是法律——又有自己的特殊化的语言，它执着于那种属于城市生活组成部分的日常行为语言循环。在短途游览了法律王国之后，那个专注于店主朝地板上吐痰的动作（仍然是从叙述者的视角）的蓄意令人不快的段落导入了一种不同的文学方言——虚构现实主义的那勇敢无畏、不屈不挠的指定性语言，它以从福楼拜至左拉等法国作家为先锋，直到乔伊斯时代，又以多少有些冲淡的形式为英国小说家所采纳。（在《尤利西斯》开篇部分，有大量这样的语言。）乔伊斯一时心血来潮，想要凭借着某种冲击效应，将自

---

① Virginia Woolf, *The Essays of Virginia Woolf*, vol. 4 (London: Hogarth, 1988), p. 434.

己的读者与迄今尚为文学的规范性所遮盖的肉体的现实性连通起来，他的这一冲动显见于在店主的痰液、他眼睛里的眼屎，以及主要出现在布卢姆对性行为的想象中的鱼胶般的黏液之间的那种令人懊恼的和谐之中。

尽管巴赫金请我们将这种语言的相互影响设想为对话，针对一种以冲突、不和谐和分崩离析为突出特征的局面，但这多少有些乌托邦的结构。无论怎样，从成分上看，在此处以及在这部小说的很多地方都显而易见的，是在被集合于一种复杂的、具有审美快感的叙事整体中的全然不同的语言材料的片块之间的有效的前后切换。自福楼拜起，支离破碎和断断续续就成了都市体验小说表征的核心，我们已看到了若干个例子，在其中，这些特征在小说人物及读者心中都诱发了一种迷茫感和失去控制的不安感。弗吉尼亚·伍尔芙在其内心独白中记录这些支离的片段，却又通过将这些零零碎碎拖入由诗意的隐喻所构成的编织精美的网络之中来超越它。喜爱更为参差不齐的意识流形式的乔伊斯兴致高昂地采用了这些支离的片段，而不是将其视为一种恐惧之源。经过他的处理之后，支离的片段变成了某种新的有诗意的东西，它既肯定了头脑的创造能量，也同时肯定了日常体验的具体特质。让我们最后再提供一个简短的例子，它出现在《莱斯特尼戈里安》(Lestrygonians) 这一章节中，当时，布卢姆正走在前去吃午饭的路上。它将把我们带回到出发点，即城市中的电车运动：

> 闪闪发光的丝绸，搭在细长的黄铜栏杆上的衬裙，色彩单一的丝袜的光芒。
>
> 回顾过去毫无用处。必定如此。把一切都告诉我。
>
> 洪亮的声音。被太阳晒得暖洋洋的丝绸。叮当作响的马具。一切都是为了女人，家和房子，丝织品，银器，多汁的水果，香辛刺激，来自雅法。阿根达斯·内泰穆。全世界的财富。(第 168 页)

我认为，布卢姆是在回忆那个上了电车后便从他的视线中消失了的穿丝袜的年轻女子。意识流的那突然中断的节奏在视觉上产生了一系列快速闪过的形象，即于离去的电车上瞥见的女性的穿着——“闪闪发光的丝绸，搭在细长的黄铜栏杆上的衬裙，色彩单一的丝袜的光芒”。实际上，电车的穿梭往来其实是在形象与意念间穿梭往来的思想活动的形象化。思想回归于文化的和个人的时间，这正是《尤利西斯》丰富多彩的一种标志。“一切都是为了女人”像是在暗指特洛伊的海伦（仍然是莫利的另一个神的化身），她在荷马的其他史诗中是个重要的人物。丝织品、银器和香辛刺激的水果将我们引至很大程度上是布卢姆脑海中的古地中海那阳光灿烂的世界。这提供了与“犹太复国主义”的主题相关的连续演奏——雅法（布卢姆想象那里有成堆的橘子）和阿根达斯·内泰穆（Agendath Netaim）。（实际上，乔伊斯是从希伯来文 Agudath Not'im［种植者联盟］中抓取到了这个词。）正如乔伊斯的评论者们已充分论述的那样，在意识流那似乎互不相干的表面之下，蕴含着精美的建筑设计技巧，它通过循环的主题得以执行：布卢姆既是尤利西斯，也是云游的犹太人，他渴望不再被放逐，回归那块富饶的土地，而这也指伊萨卡和忠贞的佩内洛普；这一切都暗含在这些字里行间。这部小说不关乎满足的欲望，而是关乎其不断地重申自我的欲望的健康性质，尽管因为顽强地执着于生活，欲望一挫再挫。在这个明亮的六月的日子，走在城市忙碌的街道上，布卢姆沐浴在由想象、声音和气味构成的滂沱大雨中，它们触动了他近期的和遥远的回忆，以及万千的思绪。他的思想在这一切之中来回奔跑，欣喜于它们的多姿多彩和丰富充裕，将它们诱发的欲望当作对于美丽生活的充满敬意的反应而接受下来。不管怎样，在那一刻，这位都市的行人和现代的尤利西斯在倾盆而下的雨水中感受到了福佑。从他关于雅法和全世界的财富的思索中，他继续向前：“袭人的芳香环绕着他。带着肉体的隐隐饥渴，他默默地渴望投身于爱。”

正如我们从开始的讨论中已经看到的那样，现代城市对于集体生活来说，在某些方面可定性为一种新组织，或在某些方面是一种组织的解体，这一直被作家们视为一个严重的问题，是迷失及异化之源。但城市的这些负面的文学形象的力量不应当使我们得出极端的结论，认为现代城市生活是某种全无先例的东西，或必然是灾难性的。新兴的欧洲大都会确实发生了重大的、在某些方面令人不安的变化，但它们也展现了对于前代城市生活本质的持续性。我认为，《尤利西斯》在持续性方面提供了一种根据，因为现代都柏林与荷马的伊萨卡以及《圣经》中的乐土是间接的呼应。密集的住所、街头的民众以及城市中的文化机构总有其激动人心之处，而乔伊斯在20世纪不断扩张中的都柏林那里看到的，不过是这种激动人心之处的强化和多样化，其促成因素是在城市中反复地得到展现的加快了人和信息的往来运动的电车、电报和印刷报刊。这种感觉与弗吉尼亚·伍尔芙在《达洛维夫人》中的感觉类似，尽管乔伊斯要比伍尔芙更加热切地关注城市的表达力，尤其是城市那纯粹的异质性。他的都柏林反映了一个20世纪的城市世界的特色鲜明的本质，但又并非不同于可追溯到古代雅典和耶路撒冷的历史长河中所经历的城市，在古代雅典和耶路撒冷，人们在有关集体活力的表达中被聚集在一起，这种活力有力量提升个体城市人的生动的体验感。于是，对于乔伊斯而言，城市变成了恰当地打动人心的剧场，可上演在他的小说结尾处将要表达的那种对生活的全面肯定。

第八章　卡夫卡

——猜疑与城市

乍一看，以卡夫卡来为这些关于城市和小说语言的讨论作结，似乎是一种反常的选择。有人可能会反对说，卡夫卡绝非一个现实主义者，所以他的小说怎么可能与现代欧洲城市的呈现有关？事实上，我从头到尾的分析焦点都不在于一个以某种方式在小说中得到“反映”的、被称之为现代城市的客观存在，而在于一系列特定的体验，其中的许多都具有特点鲜明的性质，由新兴的大都市所产生，对此，具有创造力的作家们会寻找引人注目的手段来加以表达。这并不是说，每位作家都是只构建自己的城市的唯我论者，而是说，每部城市小说，即使是一部彻头彻尾的现实主义作品，都是对于都市体验的富有想象力的调解。从整个 19 世纪一直到现代主义年代，城市本身毕竟始终是一个可资描绘的历史存在，自有它的人口统计学模式、它对新技术的利用、它的农业和地理配置，以及它的工业和人口的集中所带来的生态结果。正如我们已经看到的，我们的一些作家们的艺术触角捕捉到了新城市中令人迷茫或沮丧的东西，而另一些作家则对高度紧张的城市世界带来的兴奋感作出了回应。这期间的欧洲大城市的典型特征是，每过几十年就会人口翻番，以极快的速度匆匆建造租住用房和大公寓楼以供大众居住，如果说这样的城市瓦解了以前的共同体的感觉，增强了个人的孤立感，那么卡夫卡便在他唯一的城市小说《审判》（*The Trial*）中清晰地表述了这种状态所造成的最终的心理的和本体论的后果。这部小说的创作始于 1914 年（当然永远也不会彻底完成），就在此时，乔伊斯正在写作《尤利西斯》，别雷正在写作《彼得堡》，而小说是在 1925 年发表的，此时卡夫卡已死，《达洛维夫人》出版了两年，《尤利西斯》和《彼得堡》的最终版本出版了三年。

卡夫卡对于城市的态度在他的几个简短的比喻中得到了清晰勾勒，以此作为他对于城市体验的小说的前言，也许非常有用。他屡次援引的一个位于“创世记”（Genesis）前面部分中的文本是巴别塔（Tower of Babel）的故事。它显然令他着迷，这部分是因为，身为一个生活在使用多种语言的布拉格的德国作家，令人困扰的语言问题不断地吸引着他的注意力，但更大的原因是，它是对于作为希伯来《圣经》的许多部分显著的反城市偏见的有力表达。卡夫卡用构思最为精心的巴别塔寓言《城徽》（*The City Coat of Arms*）对此偏见作出了令人印象深刻的阐述。在此寓言中，塔的建筑是城市建筑的某种逻辑上的延伸，它被理解为对人类集体努力的一种过度推定，注定因人类根深蒂固的离散性及其缺乏坚持不懈地从事伟大事业的意志而告失败。城市生活最终变得令其居民无法忍受，于是，寓言古怪而又极富启发性地终于对于世界末日的渴望："诞生在那座城市的一切传奇和歌谣都充满了对于预言中的那一天的渴望：到那时，城市将因一位巨人的重拳的连续五次的打击而毁灭。"①诱发了狄更斯心中的不安和别雷心中的深度焦虑的世界末日前景，在此处，却被卡夫卡的象征城市中的绝望的居民热烈拥抱。

构成卡夫卡对城市态度的根据的另一短章是他对那种普遍存在的城市交通运输工具的反思，《在电车上》（*On the Tram*）。他对于电车的解释显然大不同于乔伊斯。下面是这部短章的三段中的第一段：

> 我站在电车平台的一头，完全不敢肯定我在这个世界中、在这个城镇中、在我的家庭中的地位。偶然间，我甚至不能作出任何断言，说我也许正朝着任何正确的方向前进。我甚至没有任何招架之功，为我站在这平台上、拽着这带子、听任自己被这电车载着一路前行的行为辩护，也不能为那些给电车让路或悄无声息地一路前行或站在那里盯着商店橱窗的人辩护。其实，没有人要求我提出辩护，但那无关紧要。（第 388 页）

正如利奥波德·布卢姆对于那些拖着尾巴来回穿梭的车辆的观察

① Franz Kafka, *The Complete Stories*, ed. by Nahum N. Glatzer (New York: Schocken, 1971), p. 434. 以下所有卡夫卡的引言均出自该版本。

一样，电车变成了等同于一种有关存在的反映的场合，但其关键的不同在于，此处是这位电车上的乘客的发自肺腑的体验。在这里，按照固定的城市线路从一个车站开往另一个车站的电车使乘客本人清楚地认识到，他失去了自己的能动性：“拽着这带子、听任自己被这电车载着一路前行。”在一辆他本人无法操控的车辆上一路向前行进，在此过程中，他告诉我们：“我……完全不敢肯定我在这个世界中、在这个城镇中、在我的家庭中的地位。”更有甚者，他觉得自己与电车上周围的人群以及电车外街道上的人群毫无关联。相反——此处，我们的电车乘客慢慢接近了《审判》中的约瑟夫·K（Joseph K.）——他隐隐约约地担心，这些城市人群中的陌生人也许会为某种事情而控告他，他不知道自己是否有权利置身于他们之间，即使“没有人要求我提出辩护”。移动的电车不像在乔伊斯笔下那样是往来不止的活力的化身，甚至不是城市存在循环的化身，而是城市的不安定感、不稳定性以及存在于没有面孔的大众中的猜疑氛围的化身。接下来的两个结束这篇短章的段落是个叙事插曲（或者不如说是非插曲），它与布卢姆的城市偷窥癖有着某种亲缘关系，尽管也存在重大的差异。说话者凝视着一个随时准备在某站下车的年轻女子，观察她的着装、面容、头发和一只耳朵。她激起了这个男性乘客的好奇心，而且显而易见，她撩起了他的情欲，但在他对她的冥想中还存在一种越界之举，这与卡夫卡对于性行为的惯常想象中的某种唐突甚至暴力保持了一致：“她对我而言与众不同，就仿佛我用手搂住了她。”也许你开始明白，为什么这个说话者把欣赏观察与幻想中的性侵犯奇怪地混为一谈，从而感到他有可能不得不躲避电车上及街道上的人对他的某种指控。

对于卡夫卡而言，城市首先是个令人孤独的地方，正如他的寓言式的叙事短章不断提醒我们的那样。在几篇这样的短章中，那种孤独都被立在窗前、凝视着窗外的说话者变得戏剧化了。在《审判》中，正如我们将要看到的那样，情况发生了颠倒，是约瑟夫·K意识到，某个对面的人或位于他上方的人正从一扇窗户中俯视着他。卡夫卡式的城市全景图在一篇题为《我的邻居》（*My Neighbor*）的短章中得以描述，也许其中带着点讥讽的色彩，因为文章的主题是一座办公楼中的邻近关系，一点也不像睦邻友好关系。叙述者经营着一门并无特别之处的小生意，监督着两位女性职员的工作，她们噼里啪啦地打着打字机，填写着分类账目。一个名叫哈拉斯（Harras）的年轻人前来租下了他旁边的房屋。哈拉斯总是在楼梯上与他匆匆擦肩而过，几乎让人瞥不见他的脸，然后将自己锁在办公室里，将身后的门紧紧关上。"他像条老鼠尾巴似的溜了过去，而我又一次被留在身后，立在'哈拉斯办公处'的牌子前。"（啮齿动物的一般意象对于卡夫卡而言有着某种令人不安的吸引力，我们稍后会看到有关这一点的另外一个例子。）叙述者害怕哈拉斯正在"薄得可怜的墙壁"的另一侧偷听他的电话交谈。"也许"，叙述者在其心神不宁的描述的结束部分担心道："他甚至不等交谈结束，而是在他弄清楚其重要性的那一刻便挺身而起，以他惯常的快速行动飞跑过市中心，还未等我挂掉电话，便已达成了反对我的目的。"（第 425 页）隐匿、算计、缺乏人际沟通、受目标驱动和商业激发的残酷竞争、对他人的猜疑——我们已经置身于这样一个世界之中：它使《审判》成为许多读者心目中的阴暗的现代性模式。

为了我们提及的小说语言的经验的呈现，卡夫卡与这种特色鲜明的技术资源的关系是什么？值得注意的是，他是我们详细地讨论过的两位 19 世纪的小说家狄更斯和福楼拜的热切仰慕者。他自己的作品与狄更斯的作品间的关联主要在主题方面。随心所欲的拘捕、监禁、苛刻的判决，以及最重要的，法律的体系性堕落，都成了狄更斯和福楼拜这两位作家全神贯注的事物，在最后这一点上，《荒凉山庄》与《审判》之间存在着明显的关联。[①]除了这些主题上的相似性之外，狄更斯

① 马克·斯皮尔卡（Mark Spilka）已专门写了本书来追踪这些关联。参见：Spilka，*Dickens and Kafka*：*A Mutual Interpretation*（Gloucester，Mass：P. Smith，1969）。

作品中的那种怪诞风格的培育，甚至于幻想的发挥，都毫无疑问地对卡夫卡具有强烈的吸引力，尽管在这位布拉格的现代派作家的小说中，幻想和怪诞是以截然不同的方式得以表达的。另一方面，对卡夫卡而言，福楼拜是位技巧方面的导师，就像他是接下来两代的许多欧洲作家的导师一样。首先，他提供了一种作家的范例，即作家是一丝不苟的艺术家，通过费力地修改来使自己的作品臻于完善。（福楼拜小说那令人难忘的精确技巧的先例有可能是卡夫卡声称对自己的作品不满意且不能写完任何一部小说的几个原因之一。）但福楼拜在自己的小说中还使一种叙事技巧达于完善，即 le style indirect libre，也就是叙事性独白，我们已有机会观察了他在《情感教育》中对这种技巧的纯熟运用。卡夫卡完全没有表现出像福楼拜那样的对于铺天盖地地充分描绘感官体验的兴趣，但他在《审判》和《城堡》两者中的更为简练的叙事遵循了福楼拜的叙事手法，将小说人物的视角或他未说出口的言语与叙述者的沉思融合在了一起。在卡夫卡笔下，叙述者那看似的权威与小说人物那激进的、长期不确定的主体性之间的歧义性是这种技巧得到了最为广泛的运用的一个方面。很有可能，正是这种歧义性的道德的和心理的丰富性，使得卡夫卡放弃了以第一人称叙述方式来写《城堡》的最初尝试，而衷情于叙事性独白。这一技巧的运用以及歧义性的力量从《审判》那著名的开首语起便可清楚地感觉到："准是有人对约瑟夫·K 进行了诽谤，因为，一天早晨，在没有做任何切实的错事的情况下，他被捕了。"① K，一个现代城市中的孤立分子，一个单身汉，独自一人住在一间寄宿公寓中，与周围的所有人都不过是泛泛之交，从一开始，他便被禁闭在了一个假定的世界中——所有的精神活动都在叙事性独白中找到了完美的栖息地。也许确实有人诽谤了约瑟夫·K，因为它是由第三人称的叙述者向我们描述的，但那令人生疑的"准

① Franz Kafka, *The Trial*, tr. with a preface by Breon Mitchell (New York: Schocken, 1998), p. 3. 以下所有引文均出自该版本。

是”（musste...verleumdet haben）必定是K的心神不宁的猜测，而“在没有做任何切实的错事的情况下”（ohne dass er etwas Böses getan hätte）的急切辩护无疑也可归之于K。

在那位装扮古里古怪的法院特使来敲门之前的那一刻，我们看到K正躺在床上，等着吃早餐，早餐通常应当在八点左右送来，但在这个打破常规的早晨，它一直不见踪影。他就那么仰面躺着，“从他的枕头上望着住在对面的老太太，她正带着对她来说十分不同寻常的好奇眼神窥视着他”。这是典型的都市瞬间。在一个压紧的城市空间里的拥挤的公寓居民所构成的世界中，名义上的邻居事实上是纯粹的陌生人，透过面对面的窗户窥视着彼此。这种物理结构令人联想到了弗吉尼亚·伍尔芙笔下的描写，即达洛维夫人望着对面窗户里的老妇，对她的隐密生活充满好奇，感觉受到了那不可逾越的鸿沟的阻碍：“这里……一个房间，那里还有一个房间。”在这个例子中的一个明显的差别在于，K注视着老太太——懒散地？——却未流露出对她的丝毫的好奇心（他实际上对别人不可思议地不好奇，除非他们对他有用），而她则带着至少在他看来是十分异常的、而且不一定是友善的好奇眼神回望着他。我们也许可以推测，激起了这种好奇心的，也许是她在K的寄宿公寓门前看到陌生人出现，但鉴于叙事视角的有限的主观范围，那种推测不过是种猜测，也许那种好奇心本身只不过是K的焦虑的一种投射，正如他在整个叙事过程中在自己周围屡屡看到的那样。

在叙事时间的几分钟后，在第二名“看守”——他们从现在起在叙事中有了这种称呼，是因为K本人得出了结论：“他们准是看守”（第6页）——到来之后，他又瞥了一眼窗户里的那个女人：“他看了看马路对面的老太太，她已经把一位比她本人老得多的老头子拽到窗前，并且用手搂着他。”（第9页）你能够在小说中追踪到一条离奇的发展线索，它源自巴尔扎克小说中的重要细节（在巴尔扎克的笔下，既定环境中的特殊因素会与彼此以及小说人物“有机地”联系在一起），然后延伸至福楼拜笔下的经验性细节（我们从福楼拜那里得到的，是小说人物所见所闻的完整画面，而无论其意义如何)，再到卡夫卡小说中的这种无缘无故地带有攻击性的细节。事实上，我与那些数不胜数的卡夫卡的阐释者们存有不同的意见，他们一直努力地在那些分明是无缘无故的、毫无象征意义的细节中找寻他小说中那种固有的、别具特色、富于想象的生活的象征意义，例如，第一名看守穿的那件“合身的黑夹克”，“它就像是旅行者的装束，上面有各种各样的皱褶、口袋、皮带扣、纽扣和一条束带”（第 3 页），或者，就像这个搂着比自己还要老的男性伴侣站在窗边的老太太。他们全都没名没姓；他们在小说的情节发展中甚至连跑龙套的都说不上；只有最拐弯抹角的解释才可以使他们产生出一丁点儿的象征意义。不过，K 对于陌生邻居的这飞速一瞥锐化了他以及我们对于他的突如其来且急切强烈的困境之感。既然那两位老人站在窗边，我们也许可以假定（尽管我们未被明确告知)，他们正看着 K，他们证实了他觉得自己变成了一种展览物的感觉。他们还提供了一种针对他的令人不安的对照：他年轻，才 30 岁，而且非常孤独；那个女人上了年纪，而那个被她拽在身边的男人比她还要老，他与她紧贴在一起，一副休戚相关、患难与共的姿态，而且，任何人都可以看出来，甚至还带有衰老的欲望。

在卡夫卡的小说中，有种特别的叙事逻辑，通过它，无缘无故的细节得到扩展，从而强化了由怪诞得引人注目的不可思议性所造成的效果。在小说的第一章，K 向他第一次看到那个老太太的窗户投去了最后的一瞥：“在马路对面，那对老夫妻又一次站在了对面的窗户边，但他们的聚会人数已有所增加，因为在他们身后，塔一样地耸立着一个衬衫敞到胸脯那儿的男人，他正搓捻着自己那略略发红的山羊胡子。”（第 12～13 页）在这段颇具美感的描述中，我们了解到，那第三个人比那对老夫妇高得多，他“塔一样地耸立”在他们身后，而且他相当年轻，因为他的胡子仍然略略发红。对于无缘由的细节的出色想象尤其表现在那敞开的衬衫（这种着装模式在 20 世纪初远没有现在这样常见）和搓捻山羊胡子的动作上。在 K 对马路对面的窗户的三次飞快的瞥视中，旁观者的数量从一个增加到两个以至于三个。也许我们甚至会得到暗示，去推测一种无穷尽的可能性，即那些站在窗边注视着 K 的窥视者会成倍增加，直至增至无数个。此处的那个隐约可见的第三个人可能是老夫妇的朋友，或他们的儿子，或者——可能性在成倍增加——这是某个不体面的三角家庭（ménage à trois）的一次聚会。不管怎样，那搓捻山羊胡子的动作表明了窗边第三人身上的某种紧张状态或全神贯注，或者是某种动物本能。无论那姿势可能象征着什么，它都暗示了，在 K 与那些注视着他的陌生的他者之间存在着令人痛苦的疏远的裂隙。K 在城市的栖身之所是迷宫似的办公楼和公寓房，这些建筑中有许多都面目破旧，里面的人待在各自的房间中，老死不相往来。这样的栖身之所很快便变成了妄想狂的温床。在这座普普通通、无名无姓的欧洲城市中（它映射出了卡夫卡笔下观察到的布拉格的特征），我们看到了 19 世纪巴黎的浪荡子的 180 度的大转变：这里的个人不是在享受着闲逛看热闹的乐趣，而是自己变成了一种展览物，成了从窗户后面投来的好奇的、也许是轻蔑的或仇恨的眼神的对象。

辨别某个站在窗边、也许正在朝下看的人的举动，再次出现在小说的倒数第二个时刻，就在 K 被刺穿心脏之前。我并不是在暗示，在《审判》中，窗户充当了一个反复出现的主题，这一主题是被乔伊斯刻意地加以使用或被狄更斯更为直觉地加以使用的。就你能够从小说的不完整状态中所了解到的，卡夫卡似乎无意于使用这种广泛的一致的技巧。结尾处的窗户实际上是种首尾呼应的表示：开篇时的 K 意识到有人从窗户里看他，而在结尾处，他觉得自己看到了某个别的人从另一扇窗户里看着他，尽管他的这一看和那一看都是模糊不清的。两个刽子手迈着轻快的步伐将 K 带至城外的一处废弃的采石厂，但我们在这部小说中从未完全脱离城市，因为在采石厂周围矗立着一座建筑，里面显然住着人，“它依然是纯城市式的”（第 229 页）。当其中的一个人从长大衣里面扯出把屠夫用的双刃刀时，K 向上方望去：

> 他凝视的目光落在那座与采石厂毗连的建筑物的楼顶上。好像有道光亮闪动了一下，一扇窗子蓦地打开，一个人影突然使劲探出身来，而他的双手则伸得更远，但因为距离和高度的缘故，他显得十分模糊和虚幻。那是谁？一个朋友？一个好人？难道那只是一个人吗？难道那是所有人？难道犹有救助？难道有什么一直以来被遗忘了的反证？当然，应该有。逻辑无疑是不可动摇的，但它抵挡不了一个想要活下去的人。（第 230～231 页）

在一部无情地涉及虚幻之感的小说中，一种现象因城市空间里的感知者的孤立而被放大，这个出现在窗户中的最后的人影是种终极幻想。顶层的窗户不同于马路对面那扇有老太太的窗户，它与 K 的距离极其遥远，这增强了不确定性。也许他真的看到了那里的人影，尽管事情并不能完全得到确定。与站在一扇关起来的窗户后的老太太的好奇眼光相反，这个人似乎要从一扇打开的窗户中伸出手来。但他或她到底有没有看见下面的 K？这到底是种想要来够着他的姿势，还是一种完全与他无关的活动，也许这只是种在建筑物的高处呼吸新鲜空气的简单举动？K 的叙事性独白的语言在此处强烈地暗示了他所抱有的想法：那个遥远的身影是绝望的幻象。其实，当他想到“难道那只是一个人吗？难道那是所有人”（Waren es alle?）时，他实际上是在承认，他看到的是投影，而非洞见。像窗户里从一个增加到两个和三个的最初身影一样，这个高高在上的可望而不可及的形象也许不是一个人，而是许多人（alle），现在，这个身影在 K 的想象中，不再是审判式的注视者，而是一种可能的救赎之源。情感上的疏离的轻率的一面在于，怀疑或好奇的都市上的注视是这样令人绝望的渴望，因为满怀同情的注视，总是已经太迟了。但 K 直到最后关头，在紧急情况下，还是个差极了的观察者，因为除了那道照射在他的案子上的不确定的光亮外，他从未看到任何东西。与他在《城堡》中的那个密切相关的同类者一样，他本人既是持证的官僚，而且，官僚制度——它是大都会中最卓越的管理系统的标准，作为这一制度思维定式的跟随者，他只能从官僚程序的角度去想象自己的困境：在小说中，他从头到尾的潜在问题是，他毫无异议地对法律方面的官僚之举照单全收，全然不顾它看上去多么专断或反复无常到了疯狂的地步。所以，现在，当他抬眼去寻求帮助时，在一个方面，就如赞美诗中的那个说“我将抬眼去看山，我的救助将从那里来”的发言者一样，他对于救助的定义依旧是程序性的：“难道有什么一直以来被遗忘了的反证?”如果在高处的窗户里真的有个人，那么他或她则被藏在K的目光之后的思维习惯从一种感知的对象转变成了一种处于一个官僚操纵体系之中的潜在工具。于是，K确认了自己的孤独感，直到死去。

可以理解，对于《审判》的许多的阐释都致力于研究法律的本质。为了与我们聚焦于现代都市体验的常规的小说描述的做法保持一致，思考一下城市空间在这部小说中是如何被想象的，也许会大有帮助。反过来，这也许也会让我们对法律有些许的了解。

这是一座普通的欧洲城市，是一个拥挤不堪、肮脏杂乱的地方，一切活动都发生在这里，显露出在整个邻里街区和所有房间内部的角落里都积聚脏物和废品的倾向。法院的官方画师蒂托雷利（Titorelli）居住的邻里街区提供了关于渗透于小说各处的那种氛围的启发性的、也许有可能是极端的景象：

> 这里的建筑更加陈旧，狭窄的陋巷污秽遍地，在正在消融的雪地上缓缓横流。在画师居住的楼里，巨大的双开门中只有一扇敞开着，不过，在另一扇门的底部，靠近墙的地方，有道裂开的洞，正当K靠近时，一股令人作呕的、臭气熏天的黄色液体倾泻而出，一只跑在它前面的老鼠连忙跳进了旁边的下水道。在楼梯的底部，一个小孩子脸朝下趴在地上哭个不停，但那哭声几乎听不清楚，因为它被从入口外传来的铁皮铺的噪声所湮没了。那个铺子的门敞开着，三个工人围成半圈站在某个物体前，用锤子敲

打着它。一大块薄薄的铁皮悬挂在墙上，闪着淡淡的微光，这道光投射在两个工人之间，照亮了他们的脸膛和工作围裙。（第140页）

卡夫卡的这种描写显示出与由左拉开创的呈现现代生活的肮脏部分的手法具有某种血缘关系，不过，你可以感觉到，其目的完全不同。这肯定不是你会在自然主义小说家那里可以发现的那种对于当代城市场景的“描写”，事实上，《审判》的整体设置并不完全是当代场景，而是从当代场景中得出的大胆推论。疾奔的老鼠、流进敞开的下水道的尿液以及啼哭的孩子都是贫民窟场景的貌似合理的元素，是某种精准的细节，其他风格的作家——如狄更斯——也许会利用这样的细节来唤起读者对城市里穷人的凄惨的生活状况的愤慨。可是，对K而言，城市的污秽和混乱是会见一个与法律有关的人的恰当的景观入口，只不过这种关联从本质上看是含糊不清的，就如同小说里他向其寻求帮助或澄清的每一个人那样。紧接着看到老鼠和倾泻而出的污水之后，K将遇到一个佝偻着背的年轻姑娘，她似乎是从斯维德里盖洛夫（Svidrigailov）在《罪与罚》的靠近结尾处的可怕梦境中走出来的：“无论是她的年幼还是她的畸形都不能阻止她过早地堕落。”（第141页）K穿行于杂乱、污秽的城市环境，加上这些由畸形和堕落的天真构成的令人不安的场景，都是小说中对法律本身那支离破碎的揭示的延续，法律据称是理性化的官僚体系，旨在保证公正原则的法规，而事实上，却似乎阻碍着任何系统的一致性或真正的公正，人们一而再、再而三地看着它堕落下去。

我意识到，我正在开始使这些具体的形象朝着象征性的方向缓缓移动，而那正是我想抵制的解读卡夫卡的方法。针对任何想象的无根据的细节的精致阐释，该段落本身提供了一种受欢迎的矫正，细节的对象是那三个用锤子敲打着一块无特定性质的金属物体的工人。他们在此起什么作用？首先，这是种福楼拜或乔伊斯会对其津津乐道的纯粹模仿的时刻，因为其对悬挂在墙上、投射出照亮了两个工人的微微反光的铁皮具有鲜活的感知。铁皮铺的存在有其现实的合理性，因为这是工人阶级的居住区。在这里进行的工作是嘈杂的、强健的、体力的——与之形成鲜明对照的是作为银行职员的K的案头工作，以及他想要与一个捉摸不定的法律官僚机构交战的挣扎努力。K的最终问题当然决不可归因于他生活在城市这一事实，但城市环境那令人分神的喧嚣嘈杂以及难以驾驭的混乱正是他内心的道德和精神的混乱的外在映射。在四下扩张、仓促繁忙的现代城市中，假如生活本身常常显得难以管理，那么城市对于这个笨手笨脚的普通人而言就是个完美的背景，他没有可实现的目标感，内心世界有着未被意识到的凌乱，他将自私自利的算计凌驾于共同体以及人际的关联之上。

城市空间是如何使自己在《审判》中得以呈现的？它有时是拥挤不堪的，这几乎不足为奇，但K与法庭的初次交锋是通过一群人，这就尤其具有启发意义了：

> 原来在那旋流般的人群中其实有条狭窄的通道，它有可能将人群分成了两个阵营：K几乎看不到左右两边离他最近的两排人中有一张脸转向他，只能看到人们的后背，他们只对自己那一帮子人说话和打手势，这个事实进一步支持了他的猜测。多数人都穿着黑衣，穿着旧式的、松松垮垮的正装长大衣。这是唯一令K感到困惑不解的地方，否则他会将它完全当成一次地方的选区会议。（第42页）

范畴和感知的混乱显而易见。法律的屋宇之下貌似正在举行一场政治集会。很难确定，那些穿黑衣的人是向法院请愿的人，还是来参观法院的人，或者，他们以某种古怪的方式成为法院运作的辅助手段，尽管他们穿着松松垮垮的黑色长袍这一事实在某种程度上会使他们与约瑟夫·K正试图面对的法官混为一谈。我们已经在讨论过的其他几部城市小说中观察到了这种令人困惑的幻景的旋流。与此相反，卡夫卡在此处以及其他许多场景中给予我们的，是对于某一特定种类的梦境幻想的澄清：在梦中，你发现自己身处陌生之地，人人都背朝着你，几乎人人都穿着同样的黑色长大衣。谈论卡夫卡小说的梦境似的实质当然是种老生常谈式的批评，但我想脱开这些梦境小说如此频繁的、五花八门的、象征的或心理分析的阐释路线。在我看来，这一场景事实上是小说中的大多数类似梦境的段落的令人惊讶之处，是在清醒的世界与表面上如同梦境的世界之间的那种完美的延续性。背朝着 K，穿着松松垮垮的正装大衣或长袍的人是处于城市人群中的个人体验的扩展或超级清晰的图式化，正如卡夫卡对它的典型想象一样。在人群中，没有人看你——这与坐在屋子里却暴露在马路对面窗户里投来的好奇凝视中形成了补充性的对照。原则上，法律应当是将秩序和方向加于无法无天的无名大众之上的管理手段。在 K 初次接近一个据称是法院的地方的过程中，在法律本身与人群之间有种引人不安的困惑感，因为这人群无定形、无名份，天生具有离散性（在此处得到描写的人至少在小说主角看来似乎分成了两派）。K 绝望地挣扎着，想要在无缘无故的法律指控前，确认自己个人的合法性以及自己的清白无辜，结果却发现，在一群名副其实的没有脸面的人中，自己只是个被忽略不计的零。

研究福楼拜和乔伊斯的学者已切实地绘出了巴黎和都柏林的详细地图，分别标识出《情感教育》和《尤利西斯》中各自涉及到这两座城市的活动轨迹，但《审判》中的这个无名的中欧城市完全无法绘制。这不仅是因为它是个脱自卡夫卡所知道的布拉格的零零碎碎的纯粹虚构之地，而且是因为，这部小说中的空间展现了一种招致令人不安的或偶发性的暴乱的倾向。顺着一个怀疑的时代的熟悉的思路走下去，你可以看到《审判》里的城市空间代表着一个怀疑地带。这个过程始于盯着约瑟夫·K 看的老太太的那个开篇场景。它在修道院围墙这一反复出现的形象之中得到了体现，身处其间的 K 总有一种自己不知怎的落入了圈套的感觉。许多变化都发生在拥挤的人群之中。据说法律会在一张纵贯全城的阁楼网中施展自己的才干。也许最具指向性的是，K 发现自己好几次都喘不过气来：

> “我们不能开下窗吗？”K 问。“不行，”画师说，“墙上只有块玻璃罢了，它是打不开的。”K 这才意识到，一直以来，他都希望画师或自己能够走到窗前，将它打开。他已作好了准备，哪怕是吸入烟雾也行。完全与外面的空气隔绝开来的感觉使他头晕目眩起来。（第 155 页）

经验法则似乎是，一个人越是接近法律，其呼吸到的空气就越少。仿佛画师画室中的令人窒息的氛围还不够糟似的，当蒂托雷利和 K 离开公寓、进入似乎是法院前厅的那条阴湿的长廊时，“（从它里面）吹来的气息使得画室里的空气相形之下算是新鲜的了”（第 164 页）。小说中最接近于看见自然的场景是小说结尾处的采石厂，也即 K 的行刑之地，可正如我们注意到的，就连它的边上也矗立着一座高高的公寓楼。卡夫卡显示了一种深谋远虑的意识：城市将人与自然切割两地，用乱扔着人类行为副产品的人行道将地面盖住，将人们隔绝在公寓住所的房间里，与之相通的是不通风的走廊和阴暗的楼梯井。这部小说的主角显然没有与自我保持联系，而只是不断地为他那永无止境的案子感到焦虑，但也许那种致命的自我知觉的欠缺又与这样一个事实相关：他与共同体和自然界的所有持续性关联也被割断了。

《审判》的幻想的或梦幻的方面并未使人觉得是无缘无故或随心所欲的，因为在 K 的内心生活的要旨与他所居住的外在世界的物质环境之间，从头到尾都存在着一种完整的关联，留给读者对何者是因何者是果的反复捉摸，这也是它的效果。尽管他每周都要去见自己的情妇一次，并于其间从事性的健康锻炼，且在动作展开时会对其进行某种较为色情的或审慎的表达，但他始终是个不可救药的孤独者，一个按部就班、墨守成规的男人。沉闷的邻居以及为了找到某种可能有用的法律手段而进入的乱糟糟的房间都是看似真实的城市场景，它同时也充分反映了他的内心状态。内外之间的这种令人不安的相似性导致了小说中的某些特定时刻，此时，位于外部的东西似乎非常像是隐藏在K潜意识的层面之下的内心活动的映射或固态结构。一个非常切题且精彩之至的例子是K的银行办公室外那条走廊尽头的杂物间。一天晚上，在他下班后走出办公室时，他听到杂物间的门背后传来呻吟之声。他情不自禁地将门猛地打开。他的发现是，一个身穿紧身合体、领口开得很低的无袖皮外套的人正在用棍棒抽打那两个最初来逮捕他的看守。两个看守告诉他，因为K向法院投诉了他们，他们正在遭受惩罚。当K于第二天晚上再次打开杂物间的门时，同一种情形又出现在他眼前，就仿佛它被及时地冻结在那里，直到他回来，这才从终断的那一刻起重新上演。惊骇不已的K"砰"地关上门，急切地命令自己的助理："将那个杂物间彻底清理一下……脏得让人透不过气来了。"（第87页）这个离他的官僚办公室只有几步之遥的恐怖房间使人产生了这样一种感觉：它是K自己内心的处罚性攻击和污秽肮脏的投射：它让人强烈地感到，在某种程度上，是他让这一切发生的，他要为那些看守和鞭打者负责，这不仅仅是因为他提出了投诉。但是，他在其间苦苦挣扎想为自己洗清罪名的整个城市都脏得让人透不过气来——一种真实的城市状态，它对于福楼拜而言，意味着对浪漫志向的妨碍，对于狄更斯而言，意味着对人类集体存在的末日威胁，而对于卡夫卡而言，则是对精神卫生的致命破坏，是他笔下的主人公无力将杂乱无章的内心房间整理得井井有条的外部反映。

总之，《审判》中那座不友好、不整洁的城市是个由压缩的内部、令人困惑的街道和狭窄的陋巷构成的地方，在这里，邻居似乎时常手执望远镜窥探着彼此，在这里，官僚作风般的整齐划一的办公室紧挨着一个恐怖的杂物间，就如同小说主角实用理性主义危险地驻扎于他灵魂的杂物间上面似的。邻居始终是陌生人，在K看来，任何熟悉的面容都不过是他与法律的生死游戏中的一张可能打出去的牌。就在小说结束之前，当两个刽子手催促着K顺着他的寄宿公寓附近的一条街往下走时，他觉得自己看到了弗兰林·布尔斯特纳（Fräulein Bürstner）从下方的一条巷子的阶梯走上来，但在此处，不确定感也渗透了进来。“他不敢绝对肯定那就是她，她们无疑是像极了。但那是不是弗兰林·布尔斯特纳，对K来说都无关紧要：他突然明白过来，反抗是徒劳无益的。”（第227页）这当然有些古怪，因为K无论如何都应当想象弗兰林·布尔斯特纳也许会在自己的案子中帮自己一把，唯一可对此作出解释的，是他那自反性的想法：不知何故，女人——不管是因为他能够与她们发生性关系，还是因为他因某种有关女性的同情心的残留观念而与她们联系在了一起——将在他的辩护中助他一臂之力。可是，在这个深夜时刻，K已不在乎台阶上的女人是谁，因为他已放弃了希望，身份对他毫无用处，也无关紧要。

通过对小说中的所有这些有关都市体验的讨论，我们清楚地意识到，作家对于城市中的场景的描写要取决于他或她本人的敏感性、心理和专注——取决于作家收听的是哪个城市频率。我并非是在说，存在一种现代城市的客观现实，它通过小说这一载体可能比通过其他手段能得到更加真切的描绘（无疑，我们必须牢记作为都市体验地震仪的绘画、摄影、电影和音乐等令人印象深刻的成就，每种介质都会以不同的方式体现城市）。我想说的是，存在某种对于新的大都会而言是自然而然的、类型各异的体验，小说家们利用自己出类拔萃的比喻性语言资源以及把我们带至小说人物内心的叙事技巧，依照不同作家的各不相同的癖好，可将其有力地、但也是选择性地传达给我们。正如我们在伍尔芙和乔伊斯的小说中所看到的，热热闹闹的城市可以是个值得欢庆的场合，尽管其令人疏离的和不祥的方面早在狄更斯和福楼拜这样的作家那里就已被敏锐地记录在案。卡夫卡无疑描述了现代城市的阴暗面，像所有作家已经描绘过的一样可怕。卡夫卡是个硕果累累的作家，却不是一位成功的模仿者。《审判》中的那座令人毛骨悚然的无名城市，将会在萨特《恶心》（*La nausée*）中的布维尔（Bouville）那里，在美国人的强硬无情的小说之中，在阿兰·罗伯—格里耶（Alain Robbe-Grillet）某些早期小说中的城市场景中，在保罗·奥斯特（Paul Auster）的那些在法国比在美国更受赞赏的小说中，以及在许许多多的其他作家的作品中，都可听到其遥远的余响。但卡夫卡，一个绝对纯粹的、独树一帜的原创者，将这一特殊的光景推向了极致。几乎在一个世纪之后，他幻想中的城市依旧令人觉得与我们所居住的真实城市有着密不可分的关联，因为小说中的幻想城市通常都是真实地点的折射乃至剧烈的嬗变，这些真实地点千方百计地想将其某些因敏锐的洞察力而得到阐明的根本特性回馈给我们。我们几乎不需要说，现代城市还催生了对于时间、空间和人类能动性及其关系的截然不同的理解，但卡夫卡将迷宫般的城市当作一个正阴险地逼近孤立无援、漂泊无依的自我的巨大陷阱的感觉，是在我们自己不断变化的城市环境中，仍盘桓于我们内心的一种阴暗前景。

为了奥斯曼(Haussman)的巴黎都市改造工程而进行的一处地面开挖的全景图,该图景记录了为了实现新的建设而对传统城市造成的大面积破坏。照片作者是查尔斯·马尔维尔(Charles Marville)(19 世纪 60 年代)。见于帕特里斯·蒙坎(Patrice Moncan)和克劳德·厄尔都(Claude Heurteux)的《奥斯曼的巴黎》(*Le Paris de Haussman*)(Paris: Editions de Mécene, 2002)。

这幅由小说家埃米尔·左拉拍摄于19世纪80年代的雨中巴黎景象捕捉到了福楼拜的许多城市场景中所描绘的那种模糊感和阻碍感。见于《左拉的巴黎》(*La Parigi di Zola*)(Rome: Editori Riuniti, 2001)。

这幅19世纪40年代的伦敦的一处城市铁路建筑工地的景象令人联想到狄更斯在《董贝父子》中表现的关于城市景观的暴虐场面。照片作者为亨利·弗拉瑟 (Henry Flather)(约1866年)。见于迈克·西伯恩(Mike Seaborne)主编的《摄影师眼中的伦敦》(*Photographer's London*)(London: Museum of London, 1995)。

狄更斯时代的伦敦的一处教堂庭院,棚户区似的结构阻挡了光线的进入。照片作者为阿尔福雷德(Alfred)和约翰·布尔(John Bool)(1877年)。见于迈克·西伯恩(Mike Seaborne)主编的《摄影师眼中的伦敦》(*Photographer's London*)(London: Museum of London, 1995)。

泰晤士河上的桅杆森林,尽管它们没有像在《我们共同的朋友》中的观察者眼中看到的那样似乎在熊熊燃烧。照片作者为摩根(Morgan)和莱恩(Laing)(约1876年)。见于迈克·西伯恩(Mike Seaborne)主编的《摄影师眼中的伦敦》。

这张19世纪60年代的泰晤士河风光照展现了河水沿岸嶙次栉比的房屋，使人联想到《我们共同的朋友》中的类似场景。照片作者为詹姆斯·赫德利(James Hederly)(约1870年)。见于迈克·西伯恩(Mike Seaborne)主编的《摄影师眼中的伦敦》。

狄更斯时代的一处工人阶级住宅区,房顶上烟囱林立,令人联想到狄更斯在其小说中描述的都市丛林。照片作者为威廉·斯德拉德威克 (William Strudwick)(约1866年)。见于迈克·西伯恩(Mike Seaborne)主编的《摄影师眼中的伦敦》。

19世纪60年代的泰晤士河沿岸风光，背景是被雾气笼罩的圣保罗大教堂。那些商业招牌让人想到了在《我们共同的朋友》中尤金和莫蒂默顺河而下时所瞥见的招牌。照片作者为阿尔弗雷德·罗斯林(Alfred Rosling)(约1853年)。见于迈克·西伯恩(Mike Seaborne)主编的《摄影师眼中的伦敦》。

19世纪后期的伦敦船坞。轮船那隐隐约约的部分是狄更斯曾记述过的对象。照片作者佚名(1885年)。见于约翰·梅杰曼(John Betjman)的导论和评论《老照片中的维多利亚与爱德华时代的伦敦》(*Victorian and Edwardian London from Old Photographs*)(New York: Viking, 1969)。

这些流动的收垃圾者显得灰尘满面，疲劳不堪，表明依赖城市垃圾生存的去人性化的过程，此过程在《我们共同的朋友》的开篇场景中有所描绘。照片作者为约翰·汤普森(John Thompson)(约 1876 年)。见于汤普森著《伦敦的街头生活》(*Street Life in London*)(1876；rpt. New York: Benjamin Blom, 1969)。

在这幅 19 世纪末期的伦敦图景中，形象和轮廓都消散在雾气之中，上方的那轮徒有其表的太阳的“冰冷圆盘”令人想起了《我们共同的朋友》中的大雾弥漫的场景。照片作者为詹姆斯·辛克莱尔(James Sinclair)(约 1913 年)。转引自迈克·西伯恩(Mike Seaborne)主编的《摄影师眼中的伦敦》。

与别雷小说写作年代大体相当的圣彼得堡宏伟的公共广场景象，即使是在大白天，这里也是雾霭蒙蒙。照片作者佚名（约 1910 年）。转引自伊罗什尼科夫(M. P. Iroshnikov)主编的《革命之前：照片中的圣彼得堡》(*Before the Revolution: St. Petersburg in Photographs*)(New York: Harry Abrams, 1991)。

这张拍摄时间与《尤利西斯》写作时间大体相当的都柏林街景证实了有轨电车在此城市的普遍存在。照片作者佚名（20 世纪初期）。见于伊恩·耿(Ian Gunn)、克莱夫·哈特(Clive Hart)和哈罗德·贝克(Harold Beck)的《詹姆斯·乔伊斯笔下的都柏林》(*James Joyce's Dublin*)(London: Thames and Hudson, 2004)。

卡夫卡故居对面的房屋。注意那些反射着对面的房屋和窗户的亮眼窗子。照片作者为伊西多·波拉克(Isidor Pollak)。见于约翰·鲍尔(Johann Bauer)的《卡夫卡与布拉格》(*Kafka and Prague*)(New York: Praeger, 1971)。

《世界城市研究精品译丛》总目

☑ 已出版，☐ 待出版

- ☑ 马克思主义与城市
- ☑ 保卫空间
- ☑ 城市生活
- ☑ 消费空间
- ☑ 媒体城市
- ☑ 想象的城市
- ☑ 城市研究核心概念
- ☑ 城市地理学核心概念
- ☑ 政治地理学核心概念
- ☑ 规划学核心概念
- ☐ 真实城市
- ☐ 现代性与大都市
- ☐ 虚拟空间的社会和文化价值
- ☐ 城市空间的社会生产
- ☐ 城市发展规划本体论
- ☐ 区域、空间战略与可持续发展
- ☐ 全球资本主义与劳动力地理学
- ☐ 历史地理学核心概念